Lothar Gassmann

DIKTATUR EUROPA?

Was darf man in Europa noch sagen?

DIE AKTUELLE REIHE - BAND 4

MABO-Verlag

Weitere Bände in der Aktuellen Reihe:

Band 1:
Neu-Evangelisierung Europas
aus römisch-katholischer und aus biblischer Sicht
Band 2:
Bekenntnis-Ökumene – Hoffnung oder Illusion?
Band 3:
Global-Crash – Ende der Globalisierung
Band 5:
Und Gott existiert doch! Antwort auf den Atheismus

Lothar Gassmann
Diktatur Europa?
Was darf man in Europa noch sagen?

1. Auflage 2008
2. Auflage 2008
3. Auflage 2009

Satz: Lothar Gassmann
Grafische Gestaltung: Manuela Bähr-Janzen

ISBN: 978-3-9811244-3-9

Inhalt

Einführung[1]

Das Thema lautet: „Diktatur Europa? Was darf man in Europa noch sagen? Die Antidiskriminierungsgesetze und ihre Folgen.“ Ich werde sehr viele Zitate bringen, zum Teil direkt aus dem Englischen übersetzt. Denn bei diesem schwierigen Thema ist es gut, wenn wir die Quellen sprechen lassen, um zu hören, welche Gesetze und Urteile nicht nur in Europa, sondern auch weltweit bereits vorliegen. Wir beginnen also bewusst mit außereuropäischen Beispielen, um die globale Situation und die dahinter stehende Strategie zu erkennen.

Wie Südafrika moralisch zugrunde gerichtet wird

Wir betrachten als erstes Beispiel Südafrika: Zunächst muss man sagen, dass dieses Land auch früher immense Schwierigkeiten hatte, so z. B. die Ungerechtigkeit der so genannten Apartheid, der strengen Trennung schwarzer und farbiger Menschen von den Weißen, was gewiss nicht christlich war. Aber was in den letzten Jahren in Südafrika geschehen ist, ist mindestens ebenso gottlos: In kürzester Zeit wurden sämtliche christlichen Grundwerte und Gesetze, die es gegeben

---

[1] Diese Darstellung geht auf 2 Vorträge des Verfassers zurück, die am 3. Juni 2006 in Flawil (Schweiz) und am 10. November 2007 in Bad Salzuflen (Deutschland) gehalten wurden. Sie wurden für den Druck zusammengefasst, aktualisiert und sprachlich überarbeitet. Grundsätzlich aber wurde der Redestil beibehalten.

hatte, umgestoßen. So wurde z. B. der Gottesbezug aus der Verfassung herausgenommen und man fühlt sich - wie in Europa - nur noch humanistischen Grundwerten verpflichtet. (Man legt ja der europäischen Verfassung das „religiöse, kulturelle und humanistische Erbe“ zugrunde – „Gott“ hat darin namentlich bis jetzt noch keinen Platz.)
In Südafrikas Verfassung hat man den „demütigen Gehorsam gegenüber dem allmächtigen Gott“, wie es vorher festgeschrieben war, durch den Humanismus ersetzt, durch die Weisheit des Menschen und des Staates. Alle Religionen gelten nun als gleichwertig und der christliche Glaube wird nicht mehr bevorzugt. Den Kindern an den Schulen werden sogar heidnische Bräuche mit Zauberei und Magie beigebracht. 1996 hat man das Filmgesetz geändert: Die Pornographie, die verboten war, ist nun in Südafrika verfassungsrechtlich geschützt. Parallel wurde - wie auch in Deutschland und in der Schweiz - die Abtreibung freigegeben. Die Bibel sagt in 2. Mose 20, 13: *Du sollst nicht morden!* In Südafrika ist die Abtreibung bis zu und einschließlich der zwanzigsten Woche der Schwangerschaft erlaubt. Seit dieses Gesetz in Kraft ist (1996), sind viele Millionen unschuldige, ungeborene Kinder auf diese Weise getötet worden. In Deutschland fordert die Abtreibung (inklusive Dunkelziffer) pro Jahr schätzungsweise rund 300 000 Opfer.
Der Gipfel der Perversion der südafrikanischen Gesetzgebung ist, dass, wer eine Abtreibung verhindert, nicht etwa durchführt (!), eine Ge-

fängnisstrafe bis zu zehn Jahren erhalten kann (laut UCA-News, United Christian Action, Kapstadt, 20.4.2006).
Weiter hat man im Jahr 2000 das Antidiskriminierungsgesetz zur Förderung der Gleichheit eingeführt. Dieses Gesetz verbietet, dass man sich verletzend oder diskriminierend gegenüber einer anderen Religion äußert. Der Präsident der ACDP Pastor Kenneth Meshoe kritisiert dieses Gesetz und sagt: „Dieses Gesetz beeinträchtigt mehrere Rechte, die in unserer Menschenrechts-Erklärung niedergelegt sind, wie z. B. das Recht auf Glaubens-, Religions-, Umgangs-, Rede-, und Gewissensfreiheit“ (a.a.O.). Hier wird der Konflikt zwischen Antidiskriminierungsgesetz und der religiösen Äußerungs- und Predigtfreiheit deutlich. Darauf gehe ich später noch näher ein.
Weiter wird in Südafrika zunehmend die gleichgeschlechtliche „Ehe“ mit der möglichen Adoption von Kindern sowie die Geschlechtsumwandlung legalisiert (rechtskräftig gemacht). Das Einwilligungsalter für Sodomie (eine widerliche sexuelle Perversion) wird von 19 auf 16 Jahre herabgesetzt, und auch die Prostitution ist freigegeben worden. Ein verabschiedetes Kindergesetz berechtigt 12jährige Mädchen, auch ohne Wissen ihrer Eltern ein Kind abzutreiben (zu töten). Außerdem ist in diesem Land das liberalste Gesetz in Bezug auf die Euthanasie (Sterbehilfe) in Vorbereitung. Auch in Holland gibt es schon Euthanasiegesetze, die meines Erachtens Gefahr laufen, den möglichen Lebenswillen des Patienten zu überfahren.

Die kanadischen „Hass-Gesetze"

Nun werfen wir einen Blick auf Kanada und entnehmen der World Net Daily vom 18. Febr. 2003 den folgenden Bericht über Hugh Owens aus Regina in Saskatchewan. Er hatte angesichts einer Homosexuellen-Parade in seiner Stadt eine Anzeige in einer kanadischen Zeitung drucken lassen, eine ganz einfache Anzeige, bestehend aus einem kleinen Bildchen, auf dem man zwei Männer Hand in Hand sieht, aber durchgestrichen, und daneben sind einfach nur Bibelverse aufgelistet: Röm. 1; 3.Mose 18,22; 3.Mose 20,13; 1.Kor 6,9-10. Die Bibelkenner wissen, dass das Verse sind, in denen Gott der Herr Homosexualität und weitere sexuelle Perversionen verurteilt. Owens hat also einfach nur ein Bild mit diesen vier Bibelversen in der Zeitung veröffentlicht, ohne einen einzigen eigenen Kommentar dazu zu schreiben. – Und was geschah daraufhin? Er wurde vom Gerichtshof Queens Bench in Saskatchewan im Jahre 2003 zu einer Strafe von 4500 kanadischen Dollar verurteilt. Dabei hieß es im Gerichtsurteil – ich zitiere: „Die durchgestrichenen Figuren allein wären nicht genug gewesen, um den Hass zu vermitteln; aber die Hinzufügung von Bibelversen, das ist gefährlicher."

Dann führe ich noch ein Beispiel aus Kanada an – ebenfalls aus der World Net Daily, vom 31. Okt. 2002 – ein Beispiel bezüglich des Verhältnisses zu anderen Religionen. Der kanadische Pastor Mark Harding glaubt nicht, dass die islamische Religion eine Religion des Friedens ist. An der Hochschule an seinem Ort sollte der Koran ko-

piert und verteilt werden. Auch sollte ein Raum für islamische Studenten eingerichtet werden, in dem sie sich während der Schulzeit zu ihren Gebeten treffen könnten. Dagegen hatte Pastor Harding protestiert, einfach nur protestiert und gesagt, er finde das nicht richtig, die Bibel sage etwas anderes. Was geschah dann? Kanadas Oberster Gerichtshof fällte am 17. Okt. 2002 ein Urteil, in dem er dem Pastor vorwarf, er würde vorsätzlich Hass fördern. Und er verurteilte ihn auf zwei Jahre Bewährung und 340 Arbeitsstunden bei einer islamischen Gemeinschaft.
Ich zitiere nun noch einiges aus den Gesetzen, die das Justizministerium von Kanada am 30. April 2003 verabschiedet hat. Unter den Paragraphen 318 und 319 werden Hasspropaganda und „Völkermord“ (Genozid) wie folgt definiert. Es heißt in Paragraph 318: „Jeder, der Völkermord vertritt oder fördert, ist schuldig eines strafbaren Vergehens und haftbar für Gefängnis, nicht über 5 Jahre.“ Und dazu gehört auch „öffentliche Anstachelung zu Hass“, wie es hier formuliert wird. Paragraph 319: „Jeder, der Stellungnahmen abgibt auf einem öffentlichen Platz und dabei Hass gegen eine erkennbare Gruppe propagiert – und: wenn es zu einem Friedensbruch führt –, ist schuldig eines strafbaren Vergehens und haftbar für Gefängnis, nicht über 2 Jahre.“ Und dann heißt es: „Jeder, der, indem er Stellungnahmen abgibt außerhalb einer privaten Unterhaltung“ – also öffentlich – „und dabei vorsätzlich Hass fördert gegen eine erkennbare Gruppe, ist schuldig eines strafbaren Vergehens und haftbar für Gefängnis, nicht über 2 Jahre.“ Und da sind – bezüglich dieser „Hasspredigt“ – sämtli-

che Antidiskriminierungsmerkmale enthalten, die wir auch jetzt in Deutschland seit 2006 haben. Ich werde darauf noch zurückkommen.

Die USA und die Homosexuellen-Agenda

Janet L. Folger hat im Jahr 2005 in den USA ein bemerkenswertes Buch veröffentlicht mit dem Titel: „The Criminalization of Christianity". „Read this, before it becomes illegal!", ist der Untertitel. Zu Deutsch: „Die Kriminalisierung des Christentums". „Lesen Sie dieses Buch, bevor es illegal (ungesetzlich) wird!" Sie schreibt darin: „Das letztendliche Ziel der Homosexuellen-Bewegung ist die Kriminalisierung des Christentums."[2] Auf Seite 82 und 83 veröffentlicht sie die Homosexuellen-Agenda, die bereits am 25. April 1993 bei einem „Gay Pride March" – das heißt zu Deutsch etwa „Schwulen-Stolz-Marsch" – in Washington D.C. ganz offiziell verabschiedet wurde. Darin heißt es:

„1. Alle Sodomiegesetze sollen aufgehoben und alle Formen von sexueller Ausdrucksweise, einschließlich Pädophilie (Kinderschändung; L.G.), legalisiert werden."

„2. Die Verteidigungshaushaltsgelder sollen umgewandelt werden, um Aidspatienten medizinische Versorgung zu ermöglichen." Das mag ja noch akzeptabel sein. Aber dann heißt es auch: „…um Geschlechtsumwandlungsoperationen vorzunehmen." Vor einiger Zeit hat sich z.B. in den USA eine metho-

---

[2] J. L. Folger, The Criminalization of Christianity, Oregon 2005, S. 14.

distische „Pastorin“ umwandeln lassen in einen „Pastor“.

„3. Die gleichgeschlechtliche Ehe und Adoption … soll legalisiert werden.

4. Homosexuelle Erziehungsprogramme sollen auf allen Ebenen der Erziehung, einschließlich Grundschulen, eingeführt oder angeboten werden.

5. Verhütungs- und Abtreibungsdienste sollen verfügbar gemacht werden für alle Personen, unabhängig vom Alter (auch schon für minderjährige Mädchen; L.G.).

6. Steuerzahlermittel sollen eingesetzt werden für künstliche Besamung von Lesben und Bisexuellen.

7. Religiös begründete Äußerungen bezüglich Homosexualität sollen verboten werden.

8. Organisationen wie die Pfadfinder sollen dazu gebracht werden, homosexuelle Gruppenführer zu akzeptieren.“

Wir wollen natürlich dem einzelnen homosexuell empfindenden Menschen seelsorgerlich helfen und beistehen, damit er zur biblischen Orientierung der Heterosexualität findet, die Gott uns schöpfungsgemäß geschenkt hat und wozu Er uns in Seinem Wort anweist (mehr dazu weiter unten). Ich sehe es allerdings als ein Zeichen der endzeitlichen Entwicklung an, dass der „Mensch der Sünde“ sich immer mehr auf den Thron Gottes zu setzen versucht (2. Thess 2), auch in dieser Form. Und dazu gehört nicht nur dieses: Propagierung sexueller und anderer Unmoral, sondern gleichzeitig wird auch gesagt: Man muss die „Fundamentalisten“ mundtot machen bzw. „zähmen“.

UNO und UNESCO gegen „Fundamentalismus“

Dieser Begriff („die Fundamentalisten zähmen“) stammt von Robert Muller, der über 30 Jahre Vizesekretär der Vereinten Nationen gewesen ist. Robert Muller, ein Elsässer, arbeitet seit Langem an dem Projekt einer „Eine-Welt-Regierung“ („One World Government“) und „Eine-Welt-Kirche“ („One World Church“). „Mein Traum“, sagt er, „ist es, eine riesige Allianz zwischen allen Hauptreligionen dieser Welt und den Vereinten Nationen aufzubauen“. Muller ist ein typischer New-Age-Denker. Er arbeitet mit den Theosophen in der Blavatskyschen und Besantschen Tradition zusammen an diesem Ziel.[3] Er sagt weiter: „Aber da ist nur ein kleines Problem: das sind diese verdammten Christen (‚damned Christians‘).“ Und weiter: „Friede wird nur entstehen durch die ‚Zähmung‘ des Fundamentalismus.“ Er versteht darunter das Christentum, das an der Heiligen Schrift als wortwörtlich inspiriert (jedenfalls im Urtext) festhält.[4]

Die Vereinte Religionsinitiative, die von der UNO ausgeht, hat im Jahr 2000 gesagt: „Mitglieder der Vereinten Religionsinitiative sollen nicht gezwungen werden, an irgendeinem Ritual teilzunehmen oder zu einer anderen Glaubensrichtung überführt (zu Proselyten gemacht) zu werden.“[5] Unter

---

[3] Vgl. hierzu ausführlicher: L. Gassmann, Wendezeit 2000. Was verbirgt sich hinter New Age?, 3. Aufl. 2008.

[4] Zitate nach: J. L. Folger, S. 94.

[5] Ebd., S. 95.

„Proselyten machen" versteht man, dass man jemanden zur Bekehrung einlädt und ihm sagt: „Du sollst Christ werden, sonst gehst du verloren." Es ist ein anderer Ausdruck für „Evangelisieren". Das soll also zurückgedrängt werden. Einerseits soll die Gesetzlosigkeit zunehmen (siehe oben) – und andererseits sollen diejenigen, die von Gottes Wort her sagen: „Das ist aber nicht Gottes Wille!", möglichst zum Schweigen gebracht werden.

Erwähnenswert ist auch die UNESCO-Deklaration der Prinzipien über Toleranz. Da heißt es: „Toleranz enthält Menschenrechte, Pluralismus, und sie enthält auch die Ablehnung von Dogmatismus und Absolutismus", was man mit „Fundamentalismus" gleichsetzt. Und weiter: „Es bedeutet auch, dass die Ansichten des einen dem andern nicht aufgestülpt werden sollen."[6] Das ist übrigens – möchte ich dazu kritisch sagen – Sachtoleranz im Unterschied zu Personentoleranz. Wir lieben und respektieren als Christen auch den Andersdenkenden. Aber wir dürfen ihm – wenn wir wirklich Christen sind und es ernst meinen – die rettende Wahrheit des Evangeliums Jesu Christi nicht verschweigen. – Da kommt unzweifelhaft ein Konflikt auf zwischen diesen humanistisch gefärbten Forderungen nach allumfassender Toleranz und den biblischen Wegwei-

---

[6] Declaration of Principles of Tolerance, proclaimed and signed by the member states of the UNESCO, 16.11.1995 (zit. nach: J. L. Folger, S. 96).

sungen des Evangeliums, die Wahrheit in Jesus Christus zu bezeugen.
Es wird sogar in den UN-Erklärungen der Vereinten Religionsinitiative von „mental genocide" geredet, das heißt „geistiger Völkermord". Leiblicher Völkermord ist selbstverständlich abzulehnen – da sind wir uns alle einig. Die UN-Erklärungen lehnen dies auch ab: „...killing members of a group", d.h.: jemanden einer bestimmten Gruppe physisch zu töten. Aber dann heißt es weiter: „Es wird auch verurteilt, wenn man eine körperliche oder geistige Verletzung Mitgliedern einer Gruppe zufügt."[7] Was versteht man unter „geistiger Verletzung"? Dass man Bibelverse nur zitiert – wie in dem ersten Beispiel aus Kanada, das ich aufgezeigt habe? Oder dass man christliche Anstecker trägt, die den Alleinanspruch Jesu verdeutlichen? Soll dies weltweit eingedämmt und verboten werden?

Meinungsfreiheit in England?

Nun zu Europa: Harry Hammond, ein 67 jähriger Engländer, hielt vor einigen Jahren in einem englischen Park ein Schild hoch – das ging auch durch die Presse –, darauf war zu lesen: „Stoppt Unmoral! Stoppt Homosexualität! Stoppt Lesbianismus!" Und was geschah? Homosexuelle sahen das, telefonierten miteinander, und es kam eine ganze Gruppe, die ihn zuerst lächerlich machte und dann tätlich angriff und zu Boden schlug. Dann riefen sie sogar die Polizei selber

[7] Zit. Nach: J. L. Folger, S. 97.

herbei. Wen nahm die Polizei daraufhin fest? Diesen 67-jährigen älteren Bruder! Den klagten sie an und sagten, sein Schild sei ein illegales Zeichen, er habe damit die Leute provoziert, und das dürfe man heute nicht. So sind heute schon die Gesetze umgeändert![8]

Gefängnisdrohung für Christen in Schweden

Kommen wir nun zu Europa: In Schweden wurde im Herbst 2002 mit großer Mehrheit ein Gesetz verabschiedet, welches unter anderem für kritische Äußerungen über Homosexualität oder Homosexuelle eine Freiheitsstrafe bis zu vier Jahren vorsieht. Dies soll auch dann gelten, wenn sich derjenige, der sich kritisch zur Homosexualität äußert, auf Bibelstellen beruft, wie z. B. auf Römer 1, 26; 1. Korinther 6, 9 - 11 und andere. Die Bibel soll wohl noch zitiert werden dürfen, aber - und dies ist der springende Punkt - sie soll nicht mehr als auch für unsere Zeit verbindliches Wort und Gebot Gottes ausgelegt und verkündigt werden. Sie soll also zum historischen Archiv herabgesetzt (oder soll man sagen: diskriminiert) werden. Hierin erkennen wir die Absicht des Teufels und des Antichristen, uns weg von Gott und Seinem Wort zu ziehen und die, welche an Gottes Wort festhalten, auszugrenzen und in Verfolgung zu stürzen.

Es gab in Schweden im Hinblick auf das oben erwähnte Gesetz einen Präzedenzfall (Muster-

---

[8] Vgl. Folger, S. 25.

fall): Der Pastor einer freikirchlichen Gemeinde namens Ake Green bezeichnete in einer Predigt Homosexualität und andere abnorme Neigungen als Sünde und als „Krebsgeschwulst am Körper unserer Gesellschaft“. Außerdem sagte er, jeder der zu Jesus Christus umkehrt und seine Kraft in Anspruch nimmt, könne davon geheilt werden. Für diese Äußerungen wurde Ake Green angezeigt. Der Rechtsstreit durchlief mehrere Instanzen. Der Pastor hat durch Gottes Gnade vor dem höchsten Gericht Schwedens in letzter Instanz gewonnen. Das Gericht entschied, dass seine Äußerung durch das Recht auf Religions- und Meinungsfreiheit gedeckt ist. Daraufhin wollen nun die liberalen (scheinliberalen) Parteien in Schweden das Antidiskriminierungsgesetz verschärfen. Bisher aber ist die Entscheidung des Gerichtes ein wichtiger Präzedenzfall, auf den wir uns in Europa eventuell berufen können.

Die Europäische Verfassung und Gesetzgebung

Nun kommen wir zur Europäischen Verfassung und Gesetzgebung. Wir wissen ja, dass die Europäische Verfassung nicht unumstritten ist. Die Tageszeitung „Die Welt“ veröffentlichte schon mehrfach gemeinsame Artikel des früheren Bundespräsidenten Roman Herzog zusammen mit Lüder Gerken. Roman Herzog ist ja nicht „irgendwer“, sondern er war von 1994 bis 1999 Bundespräsident der Bundesrepublik Deutschland und vorher, von 1987 bis 1994, Präsident des deutschen Bundesverfassungsgerichts. Er ist jemand, der sogar bei der EU-Charta mitgewirkt hat, und zwar als Leiter derjenigen Kommission, die die EU-Charta entworfen hat! Und was sagt er heute? Roman Herzog sagt inzwischen: „Die Europäische Union gefährdet die parlamentarische Demokratie in Deutschland." Und weiter: „Die Menschen in Deutschland sind weiter, als mancher Politiker meint. Die meisten Menschen stehen der europäischen Integration im Grundsatz positiv gegenüber. Gleichzeitig aber beschleicht sie das immer mächtiger werdende Gefühl, dass da etwas nicht stimmt; dass eine intransparente, komplexe und verflochtene Mammut-Institution entstanden ist, die, losgelöst von Sachproblemen und nationalen Traditionen, immer weitere Regelungsbereiche und Kompetenzen an sich zieht." Er spricht in seinem Artikel immer wieder von der Zentralisierung aller Kompetenzen. Es wird alles immer mehr in einem Machtzentrum zusammengezogen, wie wir diesen Zentralismus in der Vergangenheit auch schon in verschiedenen Staaten erleben mussten. – Weiter betont der frühere Bundespräsident, „dass die demokratischen Kontrollmechanismen versagen; kurz: dass es so nicht weitergehen kann"![9]

Nun, was ist denn in der Präambel der Europäischen Verfassung (jetzt: EU-Vertrag; s.u.) zu

[9] R. Herzog / L. Gerken, „Die Europäische Union gefährdet die parlamentarische Demokratie in Deutschland", in: WELT AM SONNTAG Nr. 2 vom 14.1.2007, S. 8 f.

lesen? Ich zitiere: „Schöpfend aus den kulturellen, religiösen und humanistischen Überlieferungen Europas, deren Werte in seinem Erbe weiter lebendig sind und die zentrale Stellung des Menschen und die Unverletzlichkeit und Unveräußerlichkeit seiner Rechte sowie den Vorrang des Rechts in der Gesellschaft verankert haben ... sind wir übereingekommen..." Woraus schöpft man hier? Aus Gottes Wort? Aus dem Christentum? Oder betont man die zentrale Stellung Gottes, des Herrn? Nein, sondern: die zentrale Stellung des Menschen! Der Mensch im Zentrum! Von Gott kein Wort, keine Rede! Wenn das die neue Basis Europas ist, dann wissen wir, in welche Richtung es geht.

In Artikel 2 werden die Werte der Union beschrieben. Welche Werte hat sie? Zitat, aus Artikel 2 der EU-Charta: „Die Werte, auf die sich die Union gründet, sind die Achtung der Menschenwürde, Freiheit, Demokratie, Gleichheit, Rechtstaatlichkeit und die Wahrung der Menschenrechte; diese Werte sind allen Mitgliedstaaten in einer Gesellschaft gemeinsam, die sich durch Pluralismus, Toleranz, Gerechtigkeit, Solidarität und Nichtdiskriminierung auszeichnet." Das klingt zunächst positiv. Aber wer sich ein wenig auskennt mit den weltanschaulichen Hintergründen, erkennt dahinter die freimaurerische Handschrift: Toleranzgedanken, keine absolute Wahrheit, aber absoluter Humanismus: der Mensch auf dem Thron; alle Religionen, wie bei Lessings Ringparabel, praktisch gleichwertig nebeneinander, kein absoluter Weg zu Gott. Es ist auch be-

zeichnend, dass der französische Hochgradfreimaurer Valery Giscard d'Estaing der maßgebliche Verfasser dieser Verfassung Europas ist, die hinter verschlossenen Türen ausgehandelt wurde. Ich werde gleich dazu noch Belege bringen. – Jedenfalls fehlt jeder Bezug auf Gott und auf die christlichen Wurzeln des Abendlandes, die ja teilweise einmal da waren; stattdessen hat man jetzt aber die Werte eines atheistischen Humanismus für verbindlich erklärt.
Ein Mitarbeiter der westfälischen Bekenntnisbewegung, Gerhard Becker, hat in einem Kommentar hierzu geschrieben:
„Der Humanismus will Humanität ohne Gott erreichen. Er ist die moralische Grundlage des Sozialismus. Der Europäische Konvent lässt somit erkennen, dass er mit seinem Verfassungsentwurf die rechtlichen Weichen für ein sozialistisches Europa stellen will. Da Humanismus und Sozialismus Gottes nicht bedürfen, wollen Vertreter dieser Weltanschauungen selbstverständlich keinen Gottesbezug in der Verfassung. Ohne Verantwortung vor Gott aber können die Völker Europas nicht zu deren Wohl regiert werden."[10]

[10] G. Becker, Die moralische Grundlage im Entwurf einer Verfassung für Europa; in: BWL – Regionale Informationen der Bekenntnisbewegung Kein anderes Evangelium Westfalen-Lippe, Sept. 2004, S. 11 ff.

Antidiskriminierung und ihre Folgen

Das wird besonders deutlich in dem Begriff „Nichtdiskriminierung". Dieser Begriff klingt zwar zunächst positiv. Ich will auch niemanden diskriminieren im Sinne dessen, dass man jemanden beschimpft, verächtlich macht, heruntersetzt. Aber es wird uns ja schon als „Diskriminierung" ausgelegt, wenn wir die Bibel zitieren. Gott selbst wird als „Diskriminierender" hingestellt! Wie weit sind wir da schon gekommen! Wobei Gott es ja nur gut meint und den Menschen retten will, ihn aus seiner Sünde heraus erlösen will, dass er umkehrt und Buße tut. Aber hier heißt es nun in Artikel 21 der EU-Charta: „Diskriminierungen, insbesondere wegen des Geschlechts, der Rasse, der Hautfarbe, der ethnischen (volksmäßigen) oder sozialen Herkunft, der genetischen Merkmale (das ist das Erbgut), der Sprache, der Religion oder der Weltanschauung, der politischen oder sonstigen Anschauungen, der Zugehörigkeit zu einer nationalen Minderheit, des Vermögens, der Geburt, einer Behinderung, des Alters oder der sexuellen Ausrichtung, sind verboten."

Mir fällt auf, dass „sexuelle Ausrichtung" immer erst am Schluss kommt. Und man weiß auch genau, dass die Bestrebungen zu solchen Gesetzen gerade von Homosexuellen-Verbänden ausgehen, dass es ihnen also gerade um das zuletzt Aufgezählte geht. Das andere ist „schönes Beiwerk", salopp gesagt. Aber der Zielpunkt – und das merkt man ganz deutlich – ist immer wieder: die sexuelle Ausrichtung. Die anderen

Bereiche, wie Behinderung oder die Religion usw., waren nämlich bisher ohnehin weithin geschützt, z. B. im deutschen Grundgesetz. Was nicht geschützt war, das sind die neuen Bereiche, die „sexuelle Ausrichtung" ganz besonders – diese stand in verschiedenen Formen (z.B. Homosexualität) früher sogar unter Strafe!
Und darf man – darauf läuft das Gesetz hinaus – nicht mehr solches sagen, wie es in Joh. 14,6 steht? Dort lesen wir: Es gibt keinen andern Weg zu Gott, dem Vater, außer Jesus Christus! Spricht man dann dem andern den Glauben ab und diskriminiert ihn, wenn man dies verkündigt? Und darf man nicht mehr sagen: „Wenn du deine Sünde nicht lässt" – und dazu gehören Pädophilie (Kinderschändung), sexuelle Perversionen jeder Art, wie Sodomie, Homosexualität – „wenn du das nicht lässt, dann gehst du verloren!"? Das ist eine ernste Entwicklung! Damit werden nämlich auch Mission und Evangelisation letztendlich unmöglich gemacht und verboten! Übrig bleibt höchstens eine „Soft-Evangelisation", die Sünde nicht mehr Sünde und Irrlehre nicht mehr Irrlehre nennt. Und dann gelangt man automatisch zu solchen Dingen wie einem „Verhaltenskodex für Bekehrungen" – ich komme noch darauf zurück. Da muss man eine Schablone einführen, die aufzeigt, dass man nur noch Bestimmtes sagen darf und anderes nicht mehr.

Das deutsche Allgemeine Gleichbehandlungsgesetz

Nun einige Zitate aus dem Deutschen Allgemeinen Gleichbehandlungsgesetz (AGG, abgekürzt) in seiner Fassung vom 14.8.2006. Man hat jetzt einen etwas harmloser klingenden Namen ‚dem Kinde' gegeben. Früher hieß es ja noch offiziell - und im Volksmund bis heute - „Antidiskriminierungsgesetz“. §1 lautet: „Ziel des Gesetzes ist, Benachteiligungen aus Gründen der Rasse oder wegen der ethnischen Herkunft, des Geschlechts, der Religion oder Weltanschauung, einer Behinderung, des Alters oder der sexuellen Identität zu verhindern oder zu beseitigen.“ So weit, so gut. Ich betone nochmals: Wir wollen auch niemanden diskriminieren wegen Rasse, Volkszugehörigkeit, Geschlecht usw. Aber trotzdem besteht die Frage: Dürfen wir jetzt Sünde noch Sünde nennen, angesichts mancher dieser Kriterien?

Übrigens wurde das Gesetz ursprünglich viel schärfer geplant, es wurde aber – etwa durch den Einspruch der Unionsparteien – (vorläufig?) etwas abgemildert. So fällt z.B. im Arbeitsrecht die Beweislast nicht mehr so einseitig auf denjenigen, der wegen „Diskriminierung“ angeklagt wird, sondern es heißt jetzt in § 22 des AGG: „Wenn im Streitfall die eine Partei Indizien beweist, die eine Benachteiligung ... vermuten lassen, trägt die andere Partei die Beweislast dafür, dass kein Verstoß gegen die Bestimmungen zum Schutz vor Benachteiligung vorgelegen hat.“ Die

Person also, die den Arbeitgeber anklagt, muss immerhin erst einmal Indizien vorbringen; sie kann nicht einfach Dinge nur behaupten. Da wurde dieses Gesetz also etwas abgemildert. Allerdings ist weiterhin die Unterstützung durch Antidiskriminierungsverbände enthalten (§ 23 AGG). Schwulenverbände können sich mit einklinken, können den, der klagt, fördern und etwa als Beistände in der Verhandlung auftreten, wie es in § 23 Abschnitt 2 heißt. Auch ist die Antidiskriminierungsstelle des Bundes vorhanden (§ 25 AGG).

Positiv möchte ich doch noch erwähnen, dass man sich jetzt beschweren kann, wenn pornografische Bilder im Betrieb aufgehängt sind; das wird nämlich auch als Diskriminierung gewertet. Wir wollen also dieses Gesetz nicht pauschal „verteufeln"; aber wir wissen, dass es auf längere Sicht auch in Deutschland mehr Nachteile als Vorteile mit sich bringt, vor allem für Christen, die die Bibel noch ernst nehmen. Wir haben also – um das deutlich zu sagen – noch kein Predigtverbot, wie es in der Sowjetunion und solcherlei Staaten früher war; so weit ist es bei uns noch nicht. Es könnte aber bei einer Verschärfung der Gesetze durchaus noch kommen.

Das Gleichbehandlungsgesetz wurde auch beschränkt auf Massengeschäfte bei Wohnungsvermietungen. Da darf man niemanden ausschließen „wegen seines Geschlechts, seiner Rasse, seiner sexuellen Identität, seiner Religion usw..." Das heißt also: Wenn sich jetzt ein Moslem bei einem Christen um eine Wohnung bewirbt und man nimmt ihn nicht, weil man lieber einen Christen hätte, und man sagt: „Weil du Moslem bist, lehne ich dich ab“, dann macht man sich schadensersatzpflichtig (§21 Abs. 2 AGG) – allerdings nur bei Massengeschäften, wenn man mehr als 50 Wohnungen vermietet; da wurde das Gesetz (vorerst?) beschränkt.

Ich möchte der Fairness halber erwähnen: Es gibt drei Ausnahmeregelungen in diesem Gesetz in der deutschen Fassung.

Erstens ist eine unterschiedliche Behandlung wegen beruflicher Anforderungen erlaubt (§ 8 AGG). Es geht also um arbeitsrechtliche Verträge. Wenn z.B. ein Maurer gesucht wird, darf man jemanden ablehnen, der keine Arme hat – das ist also noch zulässig; ich bringe damit ein extremes Beispiel, damit es uns deutlich wird (es wäre ja auch unsinnig, wenn man einen Maurer einstellen müsste, der gar nicht mauern kann).

Zweitens ist auch in gewissem Rahmen eine unterschiedliche Behandlung wegen des Alters zulässig: Wenn z.B. eine Theaterbühne einen jugendlichen Liebhaber sucht und es meldet sich ein 80-Jähriger, dann darf man das auch ablehnen und sagen: „Wir können Sie nicht so schminken, dass Sie wie mit Zwanzig aussehen.“ Da hat das Gesetz noch Ausnahmen zugelassen.

Drittens regelt § 9 AGG: „Zulässige unterschiedliche Behandlung wegen der Religion oder Weltanschauung“. Diese unterschiedliche Behandlung ist dann zulässig, wenn sie „unter Beachtung des Selbstverständnisses der jeweiligen Religionsgemeinschaft oder Vereinigung im Hinblick auf ihr Selbstbestimmungsrecht oder nach der Art der

Tätigkeit eine gerechtfertigte berufliche Anforderung darstellt." Und es kann bei der Religions- oder Weltanschauungs-Gemeinschaft „von ihren Beschäftigten ein loyales und aufrichtiges Verhalten im Sinne ihres jeweiligen Selbstverständnisses verlangt werden." Das heißt, praktisch gesprochen – die Gesetzessprache ist ja immer so kompliziert – : dass eine christliche Kirche nicht gezwungen werden kann, einen Moslem als Pfarrer einzustellen. Das wurde also noch gestoppt. Aber als Hausmeister ist es dann etwas anderes.

Der Jurist Thomas Zimmermanns aus Köln hat in einer Veröffentlichung („Martin-Bucer-Seminar-Texte 71" aus dem Jahre 2006) Folgendes dazu als juristischer Fachmann geschrieben: „§ 9 Abs. 1 AGG schützt seinem Wortlaut nach nur ´Religionsgemeinschaften` und ´Weltanschauungsvereinigungen` sowie die ihnen zugeordneten Einrichtungen, nicht jedoch christliche Vereinigungen, die weder Religionsgemeinschaften noch solchen zugeordnet sind. Dies beträfe etwa die Bekennenden Gemeinschaften innerhalb der Ev. Landeskirchen, evangelistische Vereine, christliche Studentengruppen, Verlage usw." Diese können also nicht einfach als „Religionsgemeinschaften" bezeichnet werden und explizit unter diesen Schutz fallen. Da ist eine Einschränkung und Unklarheit – wobei man natürlich wachsam bleiben muss. „Vor allem aber", so schreibt Zimmermanns, „erlaubt § 9 Abs. 1 AGG nur eine Ungleichbehandlung wegen der Religion oder der Weltanschauung, nicht aber wegen anderer Gründe – wie sexuelles Verhalten oder

Geschlecht, obwohl dies für christliche Kirchen ebenfalls von großer Bedeutung ist." Praktisch gesagt: Wenn sich jetzt ein Homosexueller als Pastor bewirbt und wenn wir dann sagen: „Wir stellen keinen homosexuellen Pastor ein", dann kann es jetzt nach deutscher Gesetzgebung bereits Probleme geben. Thomas Zimmermanns schreibt weiter: „Das bedeutet, dass christliche Kirchen durch das AGG in seiner jetzigen Fassung zwar nicht zur Anstellung von Moslems, Zeugen Jehovas oder Atheisten gezwungen werden können, wohl aber unter Umständen zur Anstellung homosexueller Mitarbeiter oder von Frauen als Priester, Pastoren oder Prediger." Vielleicht verstehen wir jetzt, dass der Gnadauer Verband und verschiedene Freikirchen in vorauseilendem Gehorsam auch schon über die Einstellung von Pastorinnen nachdenken. Aber sollten wir da nicht lieber leiden, als Gottes Wort (1. Kor 14,33 ff.; 1. Tim 2,11 ff.) ungehorsam zu sein?

Zusammenfassend sei betont, dass das in Deutschland bereits bestehende Allgemeine Gleichbehandlungsgesetz – schöner Name, schlimmer Inhalt! – einen schwerwiegenden Eingriff in die Privatautonomie darstellt, z.B. wenn man Verträge abschließt – etwa Arbeitsverträge, Mietverträge usw. Das ist ein Eingriff, wie es ihn in der Geschichte der Bundesrepublik bisher noch nie gegeben hat. Ich zitiere ein Beispiel von einem christlichen Diakoniewerk in Deutschland. Dort macht man jetzt Schulungen für Stellenausschreibungen, um zu lernen, was man noch sa-

gen bzw. schreiben darf und was nicht – damit ja nichts schief läuft und man sich ja nicht strafbar macht. Zum Teil ist das auch zu verstehen; aber da praktiziert man natürlich schon wieder diesen „vorauseilenden Gehorsam". Die Überschrift heißt: „Empfehlungen für AGG-konformes Verhalten und Vorgehen." Ich lese nur ein paar Zitate vor: „In die Stellenausschreibung nur aufnehmen, was für die Stelle unbedingt erforderlich ist. Geschlechtsneutral formulieren, ohne Abstellen auf Rasse oder ethnische Herkunft", ich ergänze: ‚oder sexuelle Orientierung'. Das haben sie jetzt aber nicht hineingeschrieben, aber das muss natürlich auch hier hinein. Und dann steht hier noch wortwörtlich: „Nicht fragen, ob der Bewerber nach den Grundsätzen von Ron Hubbard arbeitet bzw. ob er Anhänger von Scientology ist." Nicht danach fragen! So vorsichtig ist man schon geworden.
Ähnliches wird inzwischen – wie mir bekannt wurde - von sämtlichen Mitarbeitern in Kirchengemeinden verlangt, nämlich die Unterschrift darunter, dass man sämtliche Richtlinien des AGG einhält. Was steht nun höher: der Gehorsam gegenüber Gott und Seinen Geboten – oder der Gehorsam gegenüber dem Staat in Punkten, in denen er von Gottes Geboten abweicht?! Immer mehr Christen fallen hier in einen Gewissenskonflikt, der bis zum Verlust der Existenzgrundlage (Verlust des Arbeitsplatzes bei Nichtakzeptanz des AGG) führen kann. Mir sind persönlich Beispiele von Betroffenen bekannt. Deutschland – wohin? Europa – wohin?

Europarat verurteilt biblische Schöpfungslehre

Nun kommt ein klarer Beweis dafür, dass sich die Europäische Union insgesamt immer mehr in Richtung antichristliches System entwickelt. Die parlamentarische Versammlung des Europarats hat am 4. Oktober 2007 eine Resolution veröffentlicht unter der Überschrift: „Die Gefahren des Kreationismus in der Erziehung."

Kreationismus (von lat. creatio = Erschaffung) ist die biblische Schöpfungslehre – also die Lehre, dass Gott die Welt in 6 Tagen so geschaffen hat, wie es Sein Wort sagt, und am 7. Tag ruhte. Es wurde immer „Abend und Morgen" (1. Mose 1), was ein ganz deutlicher Hinweis darauf ist, dass Gott die Welt wirklich in dieser Zeit von 6 normalen Tagen erschaffen hat. Gott der Herr hätte die Welt in Seiner Allmacht auch in einer Sekunde erschaffen können – das ist für mich gar keine Frage. „6 Tage", heißt es aber. Gott hat eine Ordnung eingeführt und uns damit auch den Wochenrhythmus geschenkt; das hat alles seinen Sinn.

Wie wird in dieser Resolution formuliert? Man höre genau hin, wie sich politische Gremien in weltanschauliche, glaubensmäßige Entscheidungen einmischen. Politiker bestimmen über das, was man in dem Zusammenhang auch in Schulen unterrichten darf. Es heißt wörtlich: „Wenn wir nicht aufpassen, könnte der Kreationismus eine Bedrohung für die Menschenrechte werden, die eine zentrale Angelegenheit des Europarates darstellen." Wir sind also – wie in altrömischer Zeit – Feinde des Menschengeschlechts, wenn wir die Bibel noch ernst nehmen. Und deshalb verstehe ich, dass immer mehr Christen von der

Endzeit reden. Das Ende kehrt wieder zum Anfang zurück.
Dann heißt es hier weiter: „Kreationismus kann nicht beanspruchen, eine wissenschaftliche Disziplin zu sein.“ Ich frage: Kann das die Evolutionslehre beanspruchen? Dort steht mindestens genauso stark eine Glaubenshaltung dahinter: der Atheismus. Naturwissenschaftlich geurteilt, gibt es Fossilien-Funde, die können evolutionistisch, aber auch kreationistisch gedeutet werden. Hier will also ein politisches Gremium vorschreiben, was die richtige Auslegung etwa von historischen Fossilienfunden sein soll.
Dann heißt es weiter: „Die Theorie der Evolution hat nichts zu tun mit göttlicher Offenbarung, sondern ist gegründet auf Fakten“. So steht es hier knallhart. Ich frage mich, ob diese Politiker noch nie etwas von den vielen Mängeln in der Evolutionslehre gehört haben, die ja selbst weltliche Wissenschaftler inzwischen betonen, weltweit! Und dann heißt es noch – und jetzt wird es immer gravierender –: „Die Evolutionslehre zu verleugnen, kann ernsthafte Konsequenzen haben für die Entwicklung unserer Gesellschaften … Der Krieg gegen die Evolutionstheorie und ihre Vertreter gründet sich meistens in Formen von religiösem Extremismus, der eng verbunden ist mit extremen rechtsradikalen politischen Bewegungen.“ Jetzt sind wir als bibeltreue Christen in der Nazi-Ecke – und das, obwohl z.B. ich selber alles andere als ein Nazi bin. Ich habe z.B. die israelische Nationalhymne für Musikverlage ins Deutsche übersetzt und verschiedenes andere

für Israel getan. Aber ich sage das als Beispiel dafür, wie schnell man in diese Ecke gedrängt wird.
Das sind gravierende Entwicklungen. Und dann merkt man genau, wie die Christenheit gespalten werden soll in extreme „Fundamentalisten" und gemäßigte andere. Da heißt es in Abschnitt 14 – ein Zitat vom Europarat, nicht von irgendjemandem –: „Alle leitenden Vertreter der hauptsächlichen monotheistischen Religionen haben hier eine viel gemäßigtere Sicht angenommen. Papst Benedikt XVI. z.B., wie sein Vorgänger Papst Johannes Paul II., rühmt heute die Rolle der Wissenschaften in der Evolution der Menschheit und erkennt an, dass die Theorie der Evolution – (Zitat von Papst Benedikt XVI.) – ´mehr als eine Hypothese ist`."
Und welche Schritte werden vom Europarat gefordert? Was darf man in Europa in Schulen noch lehren? Es heißt in § 19: „Die parlamentarische Versammlung drängt daher die Mitgliedsstaaten dazu – und speziell ihre Erziehungsbehörden" - es geht immer um die Erziehung, die Kinder, sie sind ja die Zukunft - „zu verteidigen und zu fördern die wissenschaftliche Forschung." Das klingt zunächst neutral, aber man weiß jetzt, was damit gemeint ist: das, was „auf Fakten gegründet" ist, nämlich die Evolution. Das soll gefördert werden. Und dann heißt es: „...standhaft zu bekämpfen die Lehre des Kreationismus als einer wissenschaftlichen Disziplin."

Bekämpfen soll man den Kreationismus. Er soll nur auf das Gebiet der Religion beschränkt bleiben dürfen; frei nach Kant: „Glauben und Wissen muss man schön trennen“. Wobei das gar nicht geht und sachlich nicht immer möglich ist. – Weiter heißt es noch: „…zu fördern die Lehre der Evolution als eine grundlegende wissenschaftliche Theorie im Lehrplan der Schulen.“ Das soll also im neuen Europa (im neuen Römischen Reich, im vierten Tierreich, nach Daniel - für die Prophetiekenner gesagt) ganz stark gefördert werden.[11]

Bevölkerung wünscht Schöpfungslehre

Nun gab es aber im Sommer 2007 eine Umfrage der Deutschen Tagesschau über Internet. Diese war am 24. Juli 2007 beendet. Die Frage lautete: „Sollte die christliche Schöpfungslehre in den Biologieunterricht aufgenommen werden, wie es Hessens Kultusministerin Karin Wolff und Bischof Walter Mixa fordern?“ Am Ende sah das Ergebnis so aus: 42.824 Menschen hatten sich an dieser Abstimmung beteiligt, also nicht sehr wenige. Mit „ja“ stimmten 68,4%, mit „nein“ 31,0%. Zwei Drittel derer, die abgestimmt hatten, wünschen also, dass gleichberechtigt neben Evolution auch Schöpfungslehre unterrichtet werden sollte. Aber ich habe nirgends in den Zeitungen gelesen – vielleicht habe ich's auch übersehen –, dass z.B. die Bildzeitung auf der Titelseite diese Umfrage der Tageschau veröffentlicht hätte. Diese Ab-

[11] Vgl. zur prophetischen Deutung Europas meine Schrift: Europa – das wiedererstehende Römische Reich?, Lage, 3. Aufl. 2008.

stimmung war allerdings – muss ich dazu sagen – nicht repräsentativ, weil jeder abstimmen konnte über Internet.
Aber es gab auch eine Repräsentativumfrage, ebenfalls im Sommer 2007, ausgehend vom Verein Pro Genesis, der übrigens einen Schöpfungspark in Europa plant. Er hatte eine repräsentative Umfrage in der Schweiz in Auftrag gegeben. Die Frage lautete: „Was soll Ihrer Meinung nach im Biologieunterricht betreffend Herkunft des Lebens in den Schulen gelehrt werden? a) Nur Evolution, b) nur Schöpfung, c) beides gleichberechtigt?“ Die Antwort lautete: nur Evolution: 19,5%, nur Schöpfung 4,8%, aber beides gleichberechtigt: 75,6%. Die Menschen wollen also, dass ihre Kinder sich selber eine Meinung bilden können, dass sie die Stellungnahme von beiden Seiten vergleichen können. Das finde ich korrekt, und zum Mindesten sollten die Regierungen dazu ihr Ja-Wort geben. Wir wollen ja gar nicht, dass unbedingt nur Schöpfungslehre gelehrt werden soll, aber die Schüler müssen doch die Alternativen wenigstens zur Kenntnis nehmen können.

Der EU-Reformvertrag und die Entmündigung der Bürger

Wie sieht nun der Stand in Europa zur Zeit aus? Die EU-Verfassung war ja bekanntlich im Oktober 2004 in Rom unterzeichnet worden, unter einer großen Papststatue. Die EU-Verfassung wurde dann allerdings in zwei Staaten Europas durch Volksentscheid gekippt: ausgerechnet in Frankreich – sehr überraschend und demütigend für die Väter der Verfassung, die ja vor allem in Frankreich sitzen –, und auch, mit großer Mehrheit, in den Niederlanden. Es gab 2005 eine informelle Umfrage einer großen Zeitung in Deutschland, da waren ca. 95% der abstimmenden Deutschen gegen die EU-Verfassung. Und warum? Weil die Menschen merken: Hier wird uns ein Mammutpopanz, etwas Unheimliches übergestülpt, und die Entwicklungen sind nicht mehr kontrollierbar, was ja auch Roman Herzog als Politiker feststellt. Ich erinnere noch einmal an die Überschrift des WELT-Artikels: „Die Europäische Union gefährdet die parlamentarische Demokratie in Deutschland." Roman Herzog sagt, dass 84 % der juristischen Entscheidungen schon in Brüssel und Straßburg getroffen werden, nicht mehr in Berlin. 84 % werden uns schon auf Europaebene vorgeschrieben![12]

Der Informationsdienst TOPIC (Nr. 11/2007, S. 5) titelt: „EU-Ersatzverfassung: Jetzt drohen neue scharfe Antidiskriminierungs-Gesetze." Diese ehemalige „EU-Verfassung" heißt jetzt „EU-Reformvertrag". Man hat aber gleich – und das ist auch nicht aufrichtig – einen „Link", wie man heute in der Computersprache sagt, eingebaut, dass die EU-Charta gleich mit akzeptiert wird

[12] R. Herzog / L. Gerken, „Die Europäische Union gefährdet die parlamentarische Demokratie in Deutschland", in: WELT AM SONNTAG Nr. 2 vom 14.1.2007, S. 8.

durch diesen Reformvertrag, der aber vom Volk nicht abgesegnet wurde. Merken Sie etwas? Es läuft alles über die Köpfe der Bürger hinweg. Der Gottesbezug ist auch diesmal natürlich wieder nicht enthalten. Und ein Zitat dazu von dem luxemburgischen Premierminister Jean Claude Juncker, das bereits aus einem Spiegel-Interview vom 16.06.2003 stammt (in dieser Zeit wurde die ursprüngliche Verfassung verabschiedet). Damals hatte er gesagt: „Der Konvent ist angekündigt worden als die große Demokratie-Show. Ich habe noch keine dunklere Dunkelkammer gesehen als den Konvent." Das sagte der luxemburgische Premierminister! Er ist auch kein Unbedeutender – in diesem Zusammenhang.

Pfarrer Reinhard Möller hat einen Artikel geschrieben mit der Überschrift: „EU-Bürger - belogen, verraten und verkauft". Er spricht vom „schwarzen Freitag von Lissabon: der 19. Oktober 2007." Er sagt: „In 60 Sachbereichen beseitigt das neue Vertragswerk das Veto-Recht der einzelnen Staaten (dass sie also bisher „Nein" sagen konnten; L.G.)! Das bedeutet eine Preisgabe nationaler Souveränität. In der Bundesrepublik scheint das niemanden zu erschüttern, in Großbritannien dagegen steht das Volk Kopf."[13]

Charles Moore vom Daily Telegraph meint dazu – ich bringe das bewusst als Zitat; ich formuliere es selber nicht so scharf, aber ich sage hier, was ein Engländer dazu in einer renommierten Ta-

---

[13] R. Möller, EU-Bürger: belogen, verraten und verkauft, ZEITJOURNAL Nr. 4 / 2007, S. 28 f.

geszeitung schreibt –: „Die EU ist nicht ein derart scharfes Unterdrückungsinstrument, wie es der Sowjetkommunismus war, aber in dieser Hinsicht ist sie ähnlich: Wo immer möglich, versucht sie dem demokratischen Urteil der Bürger, über die sie regiert, auszuweichen. Wenn aber deren Urteil einst kommen wird, dann wird es unbarmherzig sein“[14] – nämlich über die dafür verantwortlichen Politiker. Ich rufe mit diesem Zitat nicht zum Hass auf. Aber ich rufe dazu auf, zu beten, zu handeln und nicht zu schweigen; dass wir doch auch als Staatsbürger noch eine Stimme haben, auch als Christen, bevor es mit diesen Gesetzen zu spät ist.

Antichristliche Inquisition

Der designierte italienische EU-Kommissar Rocco Buttiglione - ein Katholik und Papstberater - ist im Jahre 2005 aufgrund seiner Ablehnung von Homosexualität, die er als Katholik als Sünde ansieht, und aufgrund seiner konservativen Einstellung zu Ehe und Familie von einem EU-Ausschuss gemaßregelt und nicht in die EU-Kommission gewählt worden. Buttiglione selbst betrachtet sich als Opfer einer - wie er es ausdrückt - „antichristlichen Inquisition“. Dies sagt er als Katholik, dessen Kirche selber Jahrhunderte lang eine blutige Inquisition betrieben hat! Buttiglione sieht die durchaus begründete Gefahr eines Berufsverbotes für Christen in der EU heraufdämmern, so wie es im Kommunismus und im

---

[14] Zit. Nach: R. Möller, ebd.

Islam gehandhabt wurde und wird. Besonders bedrohlich könnten sich die Antidiskriminierungsgesetze auswirken. Was bedeutet eigentlich „Diskriminierung“? Das Wort kommt aus dem Lateinischen - „discrimen“ bedeutet „Unterscheidung“. So unterscheidet man zwischen gut und böse, zwischen wahr und falsch, und dies ist ja auch richtig so. Allerdings wird das Wort „Diskriminierung“ heute so verstanden, dass man jemanden schlecht und verächtlich macht und ihn herabwürdigt. Diese Haltung und Handhabe lehnen wir als Christen natürlich auch ab. Wir wollen niemand schlecht machen, beschimpfen oder verleumden.

Wenn man Sünde nicht mehr „Sünde“ nennen darf …

Nun stellt sich aber die wichtige Frage: Ab welchem Punkt wird Diskriminierung behauptet?! Ist hierfür der Maßstab der säkularen und atheistischen Medien, Menschen und Politiker gerechtfertigt? Wenn wir Christen bestimmte Lebensweisen und Haltungen als Sünde, als böse oder falsch bezeichnen, weil die Bibel, weil Gott es so sagt, wird dies schon als Diskriminierung, als Verleumdung angesehen? Dürfen wir nun Irrlehren, Sekten und okkulte Strömungen noch als falsch und unbiblisch bezeichnen? Dürfen wir noch sagen, dass Menschen verloren gehen, wenn sie sich nicht von der Sünde ab- und Jesus zukehren? Dürfen wir dann Jesus Christus noch als einzigen Erlöser und Herrn bekennen? Der betreffende Religionsanhänger, Sektierer oder Homosexuelle, den wir vor Gottes Gericht warnen, könnte sich ja diskriminiert fühlen, wenn wir auf bestimmte Bibelzitate, auf Gottes Ordnung, Gebot und Verbot hinweisen. In 3. Mose 18; Römer 1; 1. Korinther 6 und vielen anderen Bibelstellen werden gewisse sexuelle Praktiken ganz klar in den Augen Gottes als Sünde angesehen, darunter Homosexualität, Inzest, Polygamie und Sodomie - um nur einige zu nennen.

Wenn man nun Sünde nicht mehr Sünde nennen darf und Irrlehre nicht mehr Irrlehre, dann wird de facto auch Mission und Evangelisation unmöglich gemacht. Denn nur auf dem Hintergrund dessen, was falsch und Sünde ist, kann die Wahrheit, die Gerechtigkeit und die Barmherzigkeit Gottes sich abheben und aufleuchten. Wir können nicht von der Liebe Gottes und Seiner Erlösung sprechen, ohne davon zu sagen, wovon uns Gott erlöst hat und was Ihn diese Liebe gekostet hat. Was soll uns Gott denn vergeben, wenn nicht unsere Sünden?? Von was soll Er uns erlösen, wenn nicht von der Macht der Sünde? Die Reformatoren sprachen immer von den Bezugspaaren Gesetz und Evangelium, Sünde und Gnade. Durch Gottes Barmherzigkeit erfährt der Mensch Vergebung der Sünde. Vergebung erfährt und empfindet ja nur der reuige Sünder, der zu Jesus kommt, weil ihn seine Sünden quälen!

Warum wir Homosexuellen seelsorgerlich helfen

Zum besseren Verständnis möchte ich noch einiges über die Homosexualität sagen: Ich habe nicht die Absicht, solche Menschen zu diskriminieren. Es geht mir hier um ein seelsorgerliches Problem. Praktizierte Homosexualität ist Sünde. Aber auch Geiz, Neid, Hochmut und viele andere Dinge sind nach dem strengen und gerechten Maßstab Gottes Sünden. Wir wollen nicht mit dem Finger auf eine bestimmte Gruppe von Sünden oder Sündern zeigen und verurteilen auch nicht den Menschen, der sündigt, wohl aber seine Lebensform, die Sünde, die er liebt und auslebt, wie eben z. B. die Homosexualität. Den Betroffenen müssen wir sagen, dass diese Lebensform nicht Gottes Wille ist. Auch dem Ungläubigen, der die Bibel nicht kennt, müsste dies klar sein: Wenn Homosexualität Gottes Schöpferwille wäre, wäre die Menschheit ausgestorben. Sie entspricht nicht Gottes Plan und Seinem Willen: *Seid fruchtbar und mehret euch!*, wie es im Schöpfungsbericht heißt (1. Mose 1,28). Somit ist es auch ein Unding, gleichgeschlechtliche Liebe als normal anzusehen und der Liebe zwischen Mann und Frau gleichzustellen, sowie ein Adoptionsrecht von Kindern für homosexuelle Paare vorzusehen. Nochmals: Wir wollen Homosexuelle nicht diskriminieren, sondern ihnen seelsorgerlich helfen. Dies kann aber nicht geschehen, wenn man diese Lebensform der Ehe gleichstellt und somit Sünde, denn die Bibel nennt Homosexualität ganz klar „Sünde“, legalisiert (salonfähig macht). Es geht uns Christen ja darum, den Sünder zu retten, und da darf man seine Sünde nicht zudecken. Was wäre das für ein Arzt, der einen schwerkranken Menschen einfach für gesund erklärt und ihn so seinem Schicksal überlässt?

Wer sich gegen solche Gesetze wehrt

Es gibt einige, die sich gegen Antidiskriminierungsgesetze wehren. Es sind aber interessanter Weise weniger die Kirchen. Den Grund dafür werde ich noch nennen. In Deutschland wehrten sich z.B. die Grund- und Hauseigentümervereinigungen sowie der Deutsche Industrie- und Handelskammertag - also die Vermieter, da durch das geplante „Antidiskriminierungsgesetz“ das Vertragsrecht massiv beschnitten wird, und die Arbeitgeberverbände (die tatsächlich bewirkten, dass das Gesetz nicht so schnell und scharf wie geplant verabschiedet werden konnte). Das „Antidiskriminierungsgesetz“ würde eine Flut von Prozessen bewirken - jeder könnte jeden anzeigen. Die einzigen, die sich dann goldene Nasen verdienen würden, wären die Rechtsanwälte. Ich gehe ungern zum Anwalt und dieser Gang sollte wirklich nur als letzte Schlichtungsmöglichkeit erwogen werden. Zwischen Christen sollte es nach 1. Korinther 6 sowieso nicht zum weltlichen Prozess kommen. Von der Welt wird man vielleicht auch einmal als Christ angezeigt, wir Christen aber sollten juristische Schritte möglichst umgehen - dies möchte ich hier noch einmal klar sagen.

In einem Artikel des Vorsitzenden des Landesverbandes Rheinland-Pfalz der Haus- und Grundbesitzerverbände, Manfred Leyendecker, stellt dieser die Frage: „ Kommt das Ende unserer Demokratie?“ Die Anfragen an die geplanten Gesetze kommen also nicht nur von christlicher Seite. Auch weltliche Denker erkennen, wie sehr diese Gesetze die Freiheit des Bürgers gefährden. Leyendecker schreibt:

„Ist das der Anfang vom Ende unserer Bürgerdemokratie? Das von der Bundesregierung geplante Antidiskriminierungsgesetz hat Auswirkungen auf den freiheitlichen Rechtsstaat, die in ihrer Tragweite noch gar nicht abzuschätzen sind ... Die Neuregelungen werden Anwälten und Justiz eine Flut meist überflüssiger Prozesse bescheren. Insbesondere werden sie das Arbeitsrecht verändern, aber auch jede andere Branche zu permanenter Vorsicht zwingen ... Der Staat beschließt Zwangsverträge und bestimmt, mit wem ein Anbieter von Waren, Dienstleistungen oder Arbeitsplätzen kooperieren muß und darf. Mit dem an Haaren herbeigezogenen Vorwurf ungerechtfertigter Benachteiligung kann sich so manch ein erträgliches Erpressungsgeschäft tätigen lassen!“[15]

---

[15] M. Leyendecker, Kommt das Ende unserer Demokratie?, in: Erneuerung und Abwehr Nr. 2 / 2005, S. 9-11 (hier: S. 9 f.).

Christen als Menschen zweiter Klasse?

Nun möchte ich ein Zitat des schon erwähnten italienischen Ministers und Papstberaters Rocco Buttiglione anführen. Ich möchte hier bewusst einmal einen Katholiken zur Sprache bringen, obgleich ich selbst viele kritische Anfragen an die katholische Theologie habe. Buttiglione wurde ja, wie erwähnt, aufgrund seiner konservativen katholischen Einstellung, die im Hinblick auf die Ethik zum Teil durchaus biblisch ist, das Amt des EU-Kommissars verwehrt. Er warnt vor einer europäischen „Gewissenspolizei" und sieht eine „Staatsangehörigkeit zweiter Klasse für Christen" heraufdämmern, wenn diese Brandmarkung biblischer Ansichten so weitergeht. So schreibt er:

„Der Ausschuß (der EU. Anm. Verf.) drang sogar in den Bereich eines moralischen Gewissens vor, indem er behauptete, dass jeder, der Homosexualität moralisch nicht positiv bewertet, für das Amt eines EU-Kommissars nicht geeignet ist. Das bedeutet, dass alle, die an den Moralvorstellungen der meisten christlichen Kirchen festhalten, heutzutage in der Europäischen Union als Bürger zweiter Klasse gelten sollten. Nach diesem Prinzip wären Konrad Adenauer, Robert Schuman und Alcide de Gasperi - drei Gründerväter der EU - nicht gut genug. (Diese waren noch kirchlich geprägte Christen mit entsprechenden Moralvorstellungen. Anm. Verfasser) ... Agnostiker sind nicht mehr bereit zu akzeptieren, dass Religiosität - und unterschiedliche moralische Ansichten - jemanden nicht von einem öffentlichen Posten ausschließen sollten ... Wenn das Europäische Parlament ... die Logik meines Falles fortsetzt - wenn meine Ablehnung die Grundlage einer konsequenten Politik wird -, ist die EU auf dem besten Weg, eine Art Moralpolizei zu schaffen und eine moderne Inquisition einzuführen, die sowohl die Religionsfreiheit als auch die Gewissensfreiheit gravierend verletzt."[16]

Die Inquisition - von lat. inquisitio: Befragung, Erforschung - war das katholische Instrument zur Durchführung der Ketzerprozesse mittels Folter und Hinrichtung auf dem Scheiterhaufen (ein Ketzer war jeder, der von der Lehrmeinung der Römisch-Katholischen Kirche oft auch nur im Kleinsten abwich). Interessant ist, dass Buttiglione, selbst Katholik, der EU diese Methodik vorwirft bzw. sich abzeichnen sieht, nämlich Andersdenkende zu verfolgen. Weiter kritisiert Buttiglione den Totalitarismus (Allmachtsphantasie, Alleinvertretungsanspruch) der falschen Liberalen. Viele Liberale, so sagt Buttiglione, sind gar nicht liberal (liberal bedeutet an sich eine großzügige, fast freizügige Lebenseinstellung), denn wenn sie wirklich liberal wären, so würden sie auch die Konservativen tolerieren. Da sie aber scheinliberal sind, tun sie dies nicht, sondern lassen nur ihre Relativierungen (Aufweichungen) von Moral und Ethik gelten. Ich selbst habe auch schon schwere Angriffe von Seiten (schein-) liberaler Kirchenvertreter hinnehmen müssen. So schreibt Buttiglione:

„Der Begriff 'liberal` ist zweideutig geworden. Ein Liberaler ist eigentlich ein Mensch, der zwischen Ethik und Politik unterscheidet und sich für die Meinungsfreiheit anderer aufopfert, auch wenn er selber nicht

---

[16] R. Buttiglione, Europas Gewissenspolizei, in: Erneuerung und Abwehr Nr. 2 / 2005, S. 12 f.

immer der Meinung der anderen ist. Einige Liberale, von denen mir wiederum einige ihre Solidarität bekundet haben, besitzen diese Einstellung noch. Es gibt aber auch eine Gruppe anderer, sogenannter Liberaler. Sie sind im Grunde Vertreter einer neuen atheistischen Religion (Gibt es eine atheistische Religion? Ich denke ja! Anm. Verfasser). Für sie gilt der Grundsatz: Es gibt nur *eine* Wahrheit, nämlich die, dass es *keine* Wahrheit gibt!"[17]

Die Diktatur des Relativismus

Prof. Josef Ratzinger, der jetzige Papst Benedikt XVI., hat von der „Diktatur des Relativismus" gesprochen. (Wenngleich das Papstamt unbiblisch[18] ist, so ist doch diese Äußerung richtig.) Das Diktat besteht darin, dass es keine Wahrheit mehr geben darf. Hier läuft die EU Gefahr, zu einer atheistischen Diktatur zu entarten. Buttiglione fährt fort: „All jene, die noch an feste Werte glauben, stellen aus ihrer Sicht eine Gefahr für die Demokratie dar"[19]. Dies ist die „Fundamentalismus-Keule": Alle, die noch an feste Werte glauben, die auf einem Fundament, einem festen Grund von Werten, z. B. denen des Christentums stehen, werden mit dem Schlagwort „Fundamentalisten" abgetan (oder sollen wir sagen „diskriminiert"?) - und werden vielleicht eines Tages

---

[17] R. Buttiglione, Der Totalitarismus der falschen Liberalen, in: Erneuerung und Abwehr Nr. 2 / 2005, S. 42.

[18] Siehe hierzu: Lothar Gassmann, Kleines Katholizismus-Handbuch, Schacht-Audorf 2006, Seite 119-138, Artikel „Papsttum"

[19] Erneuerung und Abwehr Nr. 2 / 2005, S. 42.

von der Scheindemokratie verurteilt werden. Weiter Buttiglione:

„Ich dagegen bin der Meinung, daß für die Demokratie eine Gesellschaft viel gefährlicher ist, die sich keinen Werten verbunden fühlt. Das größte Problem der westlichen Demokratien besteht gerade darin, daß es zu wenige Werte gibt.“[20]

Diese Haltung der Gesetz- oder Wertelosigkeit zeichnet sich auch auf unseren Straßen in Deutschland und anderswo ab: Junge Leute (und nicht nur junge) besonders in unseren Großstädten leben ohne Werte, ohne Beziehung zu Jesus Christus, weil man ihnen das Evangelium vorenthalten oder in einer weltlichen, entleerten Form gepredigt hat. So leben sie ohne Sinn, oftmals auch ohne Arbeit und verlieren sich in der öden Funwelt (Spaßwelt) aus Computerspiel, Handy, Walkman und Fernsehen. Eine tragische, eine endzeitliche Situation! Das erinnert schmerzlich an das Wort Jesu: Sie laufen umher „wie Schafe, die keinen Hirten haben“ (Matthäus 9,36). Wer geht hin und predigt ihnen die frohe Botschaft? Wer hilft ihnen? Bedenken wir, dass Jesus vor seiner Passion über Jerusalem geklagt und über seine Bewohner geweint hat! So ergriffen war Er von ihrer Verlorenheit! So wollen auch wir mit brennendem Herzen unseren Missionsauftrag wahrnehmen!

[20] Ebd.

Wie jeder jederzeit verhaftet werden kann

Hier möchte ich auf den Europäischen Haftbefehl (EHB) hinweisen: Dieser kann unsere Freiheit, unsere Demokratie aufs Schwerste gefährden! In der Endzeit gibt es wohl noch Mission, Erweckung und Bekehrung, aber eben auch verstärkt Verführung und Verfolgung! Der EHB ist ein Entwurf, der schon in der Schublade der EU ruht und auf seinen Einsatz wartet. Er ist - und das ist das Gefährliche - auf 32 extrem schwammig definierte und daher beliebig auslegbare Straftatbestände anwendbar. Diese sind unter anderen: Terrorismus, Umweltkriminalität, Fremdenfeindlichkeit und Rassismus.[21] Das Gefährliche an diesen Begriffen ist, dass man sie fast beliebig füllen kann. So fallen z. B. unter den Begriff „Rassismus" auch alle nicht näher eingegrenzten Diskriminierungen, die sich u. a. auf Volkszugehörigkeit, Religion oder die weltanschauliche Überzeugung anderer Menschen beziehen. So gesehen kann man dann, wenn man eine andere Religion oder Weltanschauung, z. B. den Islam, als falsch ablehnt, schon als Rassist gelten.

Weiter bestimmen die Richtlinien des EHB, dass eine Straftat eben nicht nur in dem Land, in dem sie begangen wurde, sondern EU-weit geahndet werden kann! Wenn also z. B. eine „Diskriminierung", die ich ausgesprochen habe, auch nur in *einem* EU-Land strafbar ist, so kann ich durch den europäischen Haftbefehl an dieses EU-Land ausgeliefert werden, obwohl meine Äußerung in meinem eigenen Land (noch) nicht strafbar ist.

Möglicherweise kann ich dann für die gleiche Straftat nacheinander in mehreren EU-Ländern verurteilt werden. Gleichzeitig wird mein Vermögen eingezogen, so dass ich mir keinen Anwalt nehmen kann. Für die Auslieferung an einen EU-Staat genügt die bloße Beschuldigung seitens dieses Staates. Dies wäre die mögliche Handhabung des Europäischen Haftbefehls.

---

[21] Vgl. Erneuerung und Abwehr Nr. 2 /2005, S. 54.

Nun gab es allerdings ein Verfahren vor dem Bundesverfassungsgericht in Deutschland, in welchem beschlossen wurde, dass ein Deutscher (außer wegen terroristischer Handlungen) auch weiterhin nicht an das Ausland ausgeliefert werden darf. Dieses Gesetz schützt uns Deutsche vorläufig noch. [22] Anderweitig hätte mich vielleicht Schweden schon angezeigt. Obwohl ich niemand diskriminiere, wird es mir womöglich schon als Diskriminierung ausgelegt, wenn ich Sünde Sünde nenne. Meiner Meinung nach könnte man erst von Diskriminierung reden, wenn ich andere Religionen und Lebensweisen oder Menschen, die diesen anhängen, mit Schimpfworten titulieren oder aggressiv bekämpfen würde, was ich meines Wissens nie getan habe und mit Gottes Hilfe niemals tun möchte. Wenn ich dagegen die Bibel zitiere und sage, diese und jene Sünde ist Gott ein Gräuel, weil es so geschrieben steht, so ist dies keine Diskriminierung, sondern entspricht der biblischen Botschaft.

---

[22] Der Jurist Thomas Zimmermanns teilt uns hierzu mit: „Nach der aufgrund des Urteils des BVerfG aus dem Jahre 2005 erfolgten Neufassung des bundesdeutschen EU-Haftbefehlsgesetzes (02.08.2006) ist es nur noch in Ausnahmefällen möglich, dass ein Deutscher wegen einer in Deutschland begangenen Handlung an einen anderen EU-Staat ausgeliefert wird. Nach § 80 Abs. 2 S. 1 Nr. 2 IRG (Gesetz über die internationale Rechtshilfe in Strafsachen) ist eine Auslieferung unzulässig, wenn die Tat einen maßgeblichen Bezug zum Inland aufweist. Ein solcher Bezug liegt gemäß § 80 Abs. 2 S.2 IRG in der Regel vor, wenn die Tathandlung vollständig oder in wesentlichen Teilen im Geltungsbereich dieses Gesetzes (also in Deutschland) begangen wurde *und* der Erfolg zumindest in wesentlichen Teilen dort eingetreten ist. Dies hat – nach allerdings umstrittener Ansicht – z.B. zur Folge, dass die im Inland erfolgte Einstellung einer nach deutschen Maßstäben der Meinungsfreiheit unterliegende Äußerung im Internet nicht auslieferungsfähig ist. Für Meinungsäußerungen in Presseorganen (Bücher, Zeitschriften, Flugblättern) oder in Rundfunk und Fernsehen dürfte dies erst recht gelten. Ist die Tat nach deutschem Recht strafbar, so muss sie in Deutschland verfolgt werden."

Wird Europa zur brutalen Diktatur?

Die Folgen des Europäischen Haftbefehls sind, dass jeder EU-Bürger ständig Gefahr läuft, gegen irgendwelche ihm unbekannten ausländischen Strafgesetze zu verstoßen, da er ja niemals die Strafgesetze aller EU-Staaten kennen kann. Damit wären dann auch de facto sämtliche bürgerlichen Freiheiten (besonders die Meinungsfreiheit mit all ihren Rechten!!) abgeschafft und die EU wird wie einst die Sowjetunion und ähnliche Zusammenschlüsse eine brutale, totalitäre Diktatur. Diese Erkenntnisse decken sich mit denjenigen anderer kritischer Beobachter, wie z. B. des Herausgebers des unabhängigen Nachrichtendienstes „Topic", Ulrich Skambraks. Dieser schreibt:

„Die Grundlage jeder modernen Diktatur besteht in der allgemeinen Kriminalisierung ihrer Untertanen (jeder kann mit Hilfe dehnbarer Strafgesetze jederzeit zum Verbrecher erklärt, mundtot gemacht und dadurch in ständiger Angst gehalten werden; Anm. des Verfassers). Aus dieser Perspektive betrachtet, ist es wichtig, darüber nachzudenken, welches Instrument mit dem EHB (Europäischen Haftbefehl; Anm. Verf.) eigentlich geschaffen wurde. Zur Bekämpfung von Terroristen und Kriminellen (also tatsächlichen Verbrechern, z. B. Mördern und Bankräubern; Anm. Verfasser) mag es wirkungsvoll sein und ist deshalb sehr zu begrüßen. Aber mit dem EHB könnten auch mißliebige EU-Bürger aller Art mit zweifelhaften Anschuldigungen schnell verhaftet und weggeschlossen werden. Gerade der Diskriminierungs-Vorwurf läßt sich gut dazu instrumentalisieren."[23]

Der italienische Jurist und ehemalige Richter Dr. Carlo Alberto Agnoli hat eine Verteilschrift mit dem Titel veröffentlicht: „Der Europäische Haftbefehl - Kürzester Weg in die Tyrannei". Als Jurist schreibt er Folgendes:

„Wer auch immer ein wenig juristische, philosophische, historische Bildung besitzt, weiß, dass die Grundlage jedes modernen Totalitarismus genau in der Kriminalisierung (jemanden zum Verbrecher erklären - Anm. Verfasser), soweit wie möglich, sämtlicher Untertanen besteht. Wenn alle schuldig sind, können sie alle verurteilt werden. Wenn alle verurteilt werden können, läßt sich jeder Dissident (Andersdenkender) in jedem beliebigen Augenblick zermalmen."[24]

Wenn man dann auch noch weiß, dass sämtliche Daten der EU-Bürger in einem großen Computer in Brüssel gespeichert sind, wird klar, wie lückenlos eine Verfolgung und Überwachung möglich wird.

Warum die meisten Kirchen den Entwicklungen wehrlos gegenüberstehen

Nun kommen wir zu der Frage, wie die christlichen Kirchen zu diesen beschriebenen Abläufen Stellung nehmen. Wenn es auch unterschiedliche Standpunkte gibt, so muss man doch sagen, dass die großen christlichen Kirchen auf politischem und ethischem (moralischem) Gebiet die

[23] U. Skambraks, Der Europäische Haftbefehl, in: Erneuerung und Abwehr Nr. 2 / 2005, S. 14-20 (hier: S. 16).

[24] Zit. nach Skambraks, ebd., S. 19.

Wahrheit, die sie erfüllen sollte, zum Teil selbst untergraben haben und zwar a) durch die Bibelkritik, b) durch eine immer tabulosere Verweltlichung und c) durch eine falsche Ökumenisierung. Diese Punkte würden jeweils für sich drei Vorträge füllen.
Die Ökumenisierung geht ja längst schon weit über die interkonfessionelle Ökumene der christlichen Kirchen hinaus und umfasst spätestens nach dem 2. Vatikanischen Konzil und seit dem „Friedensgebet von Assisi“ 1986 sämtliche Religionen der Welt. In den katholischen Erklärungen „Nostra Aetate“ und „Lumen Gentium“ wurde den heidnischen Religionen zugestanden, dass sie Elemente der Wahrheit enthielten, bis hin zu der Verstiegenheit, dass Christen und Moslems zum gleichen Gott beten würden. Dies behauptet die Römisch-Katholische Kirche unter modernistischem Einfluss also bereits seit dem 2. Vatikanischen Konzil (1962 – 1965) – und evangelische (neuerdings sogar einige evangelikale) Kirchenvertreter stehen ihr in dieser Frage in nichts nach.
Dagegen heißt es in 1. Johannes 2, 22 ganz klar: *Wer ist ein Lügner, wenn nicht der, der da leugnet, dass Jesus der Christus ist? Das ist der Antichrist, der den Vater und den Sohn leugnet. Wer den Sohn leugnet, der hat auch den Vater nicht; wer den Sohn bekennt, der hat auch den Vater.* Mohammed hat bestritten, dass Jesus Gottes Sohn ist und erkennt Ihn nur als Prophet an.

In 1. Korinther 10, 20 steht: *Was die Heiden opfern* (auch im Gebet - Anm. Verfasser), *das opfern sie den bösen Geistern und nicht Gott.* Dies gilt bezüglich der heidnischen Religionen. Sicherlich gibt es unter den Menschen ein Suchen und Fragen nach Sinn und Wahrheit, aber die wirkliche heilbringende Offenbarung ist allein in Gottes Wort - der Bibel - und in Gottes Sohn - Jesus Christus - zu finden. Zu dieser Thematik gibt es zahlreiche Veröffentlichungen (z. B. das *Kleine Ökumene-Handbuch* der A.R.F.), in denen diese Fragen umfassend aus biblischer Sicht beleuchtet werden.
Durch die Öffnung für eine interreligiöse Ökumene hat die Römisch-Katholische Kirche – und haben andere Kirchen und Freikirchen - die Wahrheit für sich so relativiert, dass sie nun in Bezug auf die Antidiskriminierungsgesetze in diesem Punkt zu keiner kritischen Stellungnahme mehr fähig sind. Die Evangelische Kirche (EKD) hat Kirchentage veranstaltet, auf denen gegen die klaren Aussagen des Wortes Gottes Gebetsveranstaltungen mit Anhängern anderer Religionen stattgefunden haben. Es sei hier aber nur erinnert an das 1. Gebot: *Ich bin der HERR, dein Gott. Du sollst keine anderen Götter haben neben Mir!* (2. Mose 20,2 f.).
Dieses Wort Gottes war übrigens die Jahreslosung von 1986, als zum ersten Mal dieses grauenhafte „Friedensgebet" in Assisi stattgefunden hatte - eine spirituelle Zusammenkunft von Vertretern christlicher Konfessionen und heidnischer Religionen wie z. B. dem Dalai Lama, Medizin-

männern, Verehrern von Ahnengeistern etc. Sie alle kamen nach Assisi, um dort für den „Frieden" zu beten – in Wirklichkeit ein Teufelspakt für einen teuflischen Scheinfrieden (vgl. 1. Korinther 10,20)! Wie kann denn bei einer solchen „Verbrüderung" der christliche Gehorsam gegenüber dem Missionsbefehl (Matthäus 28) noch aufrecht erhalten werden? Anhand solcher Beispiele sehen Sie, dass bibeltreue Christen immer mehr in die „Fundamentalismusecke" gedrängt werden, nur weil sie Gottes Wort ernst nehmen. Da wären heute Luther, Calvin, Zwingli, Menno Simons, Spurgeon und andere bekannte Männer des Glaubens allesamt unliebsame Fundamentalisten! So sind wir in guter Gesellschaft!

Glaubenszerstörung im Protestantismus: „Bibel in gerechter Sprache"

Weiter ist besonders in der Evangelischen Kirche eine Aufweichung der christlichen Ethik eingetreten: So werden heute auch in Deutschland in manchen evangelischen Gemeinden homosexuelle Paare gesegnet. Wie kann man aber etwas segnen, das nicht von Gott gesegnet ist, das vor Gott Sünde und ein Gräuel ist? Wir merken, wie verblendet heute viele Menschen sind, obgleich sie eine theologische Ausbildung haben - oder vielleicht gerade deshalb? Viele wichtige Grundlagen unseres Glaubens werden ja durch die Universitätstheologie zerstört, wenngleich es auch gute Aspekte im Theologiestudium gibt. Bibelkritik, feministische Theologie, tiefenpsychologische Auslegung - Drewermann und Anselm Grün wären hier zu nennen - sind einflussreiche Strömungen, die den biblischen Glauben zerstören, weil den Menschen dadurch das Wort Gottes entzogen wird. Es geht dann nur noch um innerpsychische Abläufe, um aktuelle Zeiteinflüsse und nicht mehr um das Wort Gottes in seiner klaren und reinen Aussage.

Am Reformationstag (!) 2006 ist in Deutschland eine feministische Bibel in frauengerechter Sprache erschienen: Das Wort Gottes wird neu „übersetzt". So wird z. B., wo „Brüder" steht, „Schwestern" ergänzt - ein fast zwanghaftes, aber überflüssiges Unterfangen! Denn das Wort Gottes erwähnt oft gläubige Frauen und hebt sie sogar hervor (z. B. die Sünderin, die Jesu Füße salbt.) Die ersten Zeuginnen der Auferstehung Jesu waren auch Frauen. Aber die feministische Übersetzung erweitert z. B. Stellen in der Bibel, in welchen „Pharisäer" steht, auf „Pharisäer und Pharisäerinnen", obwohl es zu dieser Zeit im Judentum garantiert keine Pharisäerinnen gab – eine plumpe Geschichtsfälschung! Weitere Absurditäten in der feministischen Übersetzung sind „Heilige Geistkraft", „Vater und Mutter unsere" u. a. Auf diese Weise – und das ist viel gefährlicher! - wird schleichend der Glaube an heidnische Muttergottheiten ins Christentum getragen, wie dies in feministischer Literatur bereits seit Jahrzehnten ganz offen geschieht.

Die „Volxbibel“ – ein evangelikales Eigentor

Aber auch die Evangelikalen haben mit der Herausgabe der „Volxbibel“ ihre geistliche Seriosität und Schlagkraft untergraben. Fäkalbegriffe, die mit „A....“ und „Sch....“ anfangen, lassen sich in der „Volxbibel“ fast auf jeder Seite finden. Wir wollen sie hier gar nicht nennen. Wie kann man eine solche „Übersetzung“ „Gottes Wort“ nennen und Jesus eine unreine, abartige Gossensprache in den Mund legen? Gottes Sohn ist rein und sündlos und hat gewiss keine Fäkalausdrücke in den Mund genommen. Hier wird ein anderer, ein falscher Jesus verkündigt, ein Jesus von unten! Schmutzige Sprache entstammt der Unterwelt. Wie verblendet muss man sein, wenn man als größte evangelikale Verlagsgruppe in Deutschland - Stiftung christliche Medien - so etwas verlegt und vermarktet? Dies alles weist auf eine endzeitliche Situation hin. Die christlichen Gruppierungen lähmen sich selbst durch ihre hemmungslose Einbeziehung der Welt. So verweltlicht kann man dann nicht plötzlich konservativ auftreten. (Konservativ heißt übrigens „bewahrend“, und zwar ist damit das Bewahren erprobter Werte gemeint).

Das Schlimme ist, dass es nun zu einer immer stärkeren Polarisierung im evangelikalen Lager kommt, welches einmal das bibeltreueste war. Auch in diesem Lager gibt es schon längst eine Spaltung, die nur noch nicht von allen erkannt worden ist und die wir uns nie gewünscht haben. Von Jahr zu Jahr tritt sie aber deutlicher hervor.

In meinem Buch *„Pietismus wohin?“* (Wuppertal 2004) habe ich bereits vor Jahren darauf hingewiesen und dafür in evangelikalen Medien viele Prügel bekommen. Aber nun ist die Spaltung, die sich damals bereits abgezeichnet hat, da und es stellt sich die Frage, auf welcher Seite wir unseren Platz einnehmen.

Es gibt zwei verschiedene Stimmen: Die eine mahnt zur Sammlung um das irrtumslose Bibelwort und zur Absonderung vom Zeitgeist, die andere zur Öffnung für „gemäßigte“ Bibelkritik und zur Verbrüderung mit dem Zeitgeist, immer mit der verführerischen und schwer zu durchschauenden Maxime: „Menschen zu erreichen“ - und sei es durch Preisgabe aller Heiligkeit! Auf welche Stimme werden wir hören?

Wie Gläubige in die Sektenecke gedrängt werden

Der Deutsche Bundestag hat bereits in den 90er Jahren eine „Enquête-Kommission“ eingesetzt, welche Sekten und Psychogruppen erfassen und auf Verfassungsfeindlichkeit untersuchen soll. Am 24. April 1997 erschien ein Presseartikel in der Nachrichtenagentur AFP, in welchem stand: „800 000 Deutsche bekennen sich zu Sekten!“ (vgl. Idea-Dokumentation Nr. 16/1997: „Wer ist Sektierer?“). In dieser Auswertung wurden neben wirklichen - auch bekannten - Sekten, wie Scientology, Zeugen Jehovas u. a., auch Freikirchen, wie Baptisten, Mennoniten u. a. genannt. Dies ist eine besorgniserregende Tendenz. Alles, was nicht zur Großkirche gehört, wird nun in die le-

bensfeindliche Sektenecke gedrängt. Diese Zuweisung wird aber der biblischen Realität nicht gerecht.
Der Bericht der „Enquête-Kommission“ geht von einem sogenannten problemorientierten Ansatz aus und legt seiner Einordnung politische, juristische, soziologische und psychologische Kriterien zu Grunde, aber - interessanterweise - keine theologischen! Genau dies ist das Fatale an dieser Untersuchung. Es wird z. B. aus psychologischer Sicht bemängelt, dass die Gruppen auf der schwarzen Liste die Jugendkultur verteufeln würden. So wird uns Christen ein „...dämonologisch begründeter Dualismus“ vorgeworfen: Das heißt, wenn man noch an die Existenz von Dämonen glaubt (und vor Magie und Spiritismus warnt!), wenn man sich nicht so anzieht, wie die Welt sich anzieht (und z. B. den Modekult ablehnt), gilt man schon als sektiererisch.
Ein weiteres soziologisches Kriterium der Untersuchung ist die Größe einer Gruppierung: So begegnet man einer kleinen Gruppe von Mitgliedern einer christlichen Gemeinschaft schon mit Misstrauen, nur weil ihre Mitgliederzahl geringer ist als die einer Großkirche. Dies sind fast dieselben Vorurteile, auf die sich die Antike bei der Verfolgung des jungen Christentums stützte. Von politischer Seite wird den besagten Gruppierungen ein gewisses Misstrauen gegenüber dem Staat und somit ein Mangel an Kooperation mit demselben vorgeworfen.

Die theologischen Kriterien zur Beurteilung besagter Gruppierungen blieben völlig außen vor. Biblisch-theologisch gibt es nämlich nur *ein* Kriterium zur Beurteilung, ob eine Gruppierung eine Sekte ist: nämlich ob sie in ihrer Lehre oder ihrem Zusammenleben von den eindeutigen Lehren der Heiligen Schrift, insbesondere des Neuen Testamentes, abweicht. Das Wort „Sekte, Sektierer“ kommt von dem lateinischen Wort „secare“: abspalten, abtrennen: Eine Sekte, bzw. ein Sektierer ist von der Wahrheit, von Gottes Wort und Volk abgespalten, abgetrennt. Die Kriterien der „Enquête-Kommission“ sind unzulänglich und nicht ausreichend, um religiöse, insbesondere christliche Strömungen zu beurteilen.
Natürlich kann es gefährliche Ausprägungen in allen geistig-geistlichen Gruppierungen geben. Davor wollen auch wir warnen. So gibt es auch Gruppen, die sich von allen anderen Christen abgrenzen und sich als die einzig wahre Christengemeinschaft bezeichnen. Dies ist auf jeden Fall sektiererisch, auch wenn man sich dabei auf die Bibel beruft. So wie Jesus sagt, dass es „noch andere Schafe“ gibt, so existieren außer unserer Gemeinde noch andere christliche Gruppierungen, die Jesus nachfolgen. Eine Gruppierung ist aber dann eine Sekte, wenn sie von eindeutigen biblischen Lehren abweicht. Es gibt Randfragen, auf die es unterschiedliche Antworten geben kann, und es gibt zentrale Fragen, auf die die Bibel eindeutig antwortet:

Wer ist Gott, wer ist Jesus Christus, was ist Erlösung, Kreuzestod und Auferstehung Jesu, Rechtfertigung aus Gnade und Glauben, - dies alles sind zentrale Fragen, die auch gut mit den vier „allein“ der Reformation beantwortet wurden: „Allein die Bibel, allein Jesus, allein die Gnade, allein der Glaube“ (sola scriptura, solus Christus, sola gratia, sola fides). Wer von diesen Grundpfeilern des christlichen Glaubens abweicht, stellt sich aus biblisch-theologischer Sicht selbst in die Sektenecke. Aber mit soziologischen, psychologischen und politischen Kriterien kann man den christlichen Glauben und die dadurch entstandenen Gemeinden weder be- noch verurteilen.
Die „Enquête-Kommission“ schreibt auf Seite 197 ihres Berichts: „Der traditionsgeleitete Typus kommt in dieser Form nur im fundamentalistisch-christlichen Milieu vor.“ Eine Überschrift lautet: „Fundamentalistische Strömungen in Gruppen und Bewegungen christlicher Herkunft“ (a.a.O.). Wir sehen, dass allmählich das biblische Christentum ins Visier genommen wird.

Was ist eigentlich Fundamentalismus?

Nun kommen wir zu der Frage: Was ist eigentlich Fundamentalismus? Dieser Begriff begegnet uns ja nicht nur im christlichen Bereich. Grundsätzlich spricht man von Fundamentalisten, wenn Menschen sich kompromisslos auf bestimmte Grundlagen (Fundamente) stützen, z. B an ihrer Religion oder ihrer Überzeugung festhalten und sich diese nicht verwässern lassen. So wenden sich z. B. die Fundamentalisten im Christentum, auch

im Islam und verschiedenen anderen Religionen gegen den Relativismus, gegen sexuelle Freizügigkeit, Pluralismus, unbedingte Toleranz u. ä. So wird Fundamentalisten vor allem pauschal und ständig Intoleranz vorgeworfen. Dies ist freilich ein Schlagwort der Freizügigkeit, das eigentlich den, der es vorwirft, ebenfalls intolerant erscheinen lässt. Wenn alles erlaubt sein soll, warum dann auch nicht das Festhalten an erprobten Werten? Wer das verbietet, ist ebenfalls intolerant und bevormundend, weil er anderen nicht ihre Überzeugung lässt. So bekämpft die Freizügigkeit ihre eigenen Maximen (Grundsätze)!
Der Begriff „Fundamentalismus“ kommt ursprünglich aus dem Protestantismus in den USA anfangs des 20. Jahrhunderts. Damals wehrte man sich - und ich denke zu Recht - gegen liberale Aufweichungstendenzen in den Kirchen. Führende konservative Theologen aus den USA und anderen Ländern gaben eine Schriftenreihe heraus, die den Titel „The Fundamentals“ trug, - auf deutsch: „Die Grundlagen“ oder „Die Fundamente“. In diesen Schriften wurden fünf Grundwahrheiten des christlichen Glaubens betont und festgehalten:

1. *Die Irrtumslosigkeit der Bibel*
2. *Die Gottheit Jesu Christi*
3. *Die Geburt Jesu von der Jungfrau Maria*
4. *Die stellvertretende Sühne Jesu Christi am Kreuz*
5. *Die leibliche Auferstehung der Toten bei der Wiederkunft Christi*

Hierzu frage ich: Sind dies etwa irgendwelche sektiererischen Lehren? Nein. Es sind ganz klare biblische Grundlehren, die von vielen Christen in verschiedenen Kirchen und christlichen Gemeinschaften vertreten werden. Seine Anrüchigkeit trägt der Begriff „Fundamentalismus“ im Sinne von „engstirniger Diktatur“ von seiner Wurzel her also zu Unrecht.
Gegner eines biblischen Christentums und Anhänger nichtchristlicher Religionen haben den Begriff „Fundamentalismus“ dann schnell auch auf andere Strömungen ausgedehnt. So wird im Islam z. B. die Muslimbruderschaft als fundamentalistisch bezeichnet. Sie will einen islamischen Staat aufrichten, wehrt sich gegen die weltlichen Staatssysteme und möchte das islamische Recht wieder verbindlich einführen. Ähnliche Bestrebungen gibt es im sogenannten „hinduistischen Fundamentalismus“, welcher ein Großindien anstrebt und alle Menschen zu Hindus machen möchte.
Übrigens gibt es auch einen jüdischen Fundamentalismus mit allerdings zwei total entgegen gesetzten Sichtweisen: den Zionismus, der in dem heutigen Staat Israel das wiedererstehende Israel aus alter biblischer Zeit sieht, und die Chassidim „die Frommen“, die den Staat Israel ablehnen und der Meinung sind, dass die Ankunft des Messias die Staatenbildung Israels unnötig macht, ja noch schlimmer: dass die Existenz des Staates Israel die Ankunft des Messias geradezu verhindert. So gibt es sogar Juden, die

mit den Palästinensern gegen Israel zusammenarbeiten und sich durchaus auch als orthodox ansehen. Dennoch nehmen solche israelfeindlichen Juden zum Teil Wohnrecht und Schutz durch den Staat Israel in Anspruch.

Christliche Fundamentalisten sind keine Terroristen

Die für unser Thema entscheidende Frage allerdings lautet: Was unterscheidet christliche Fundamentalisten von islamischen? Hier gibt es einen ganz wichtigen Unterschied, der für die Diskussion über dieses Thema entscheidend ist: Christen sind verpflichtet, nach dem Liebesgebot Jesu zu handeln: *Liebet eure Feinde! Segnet, die euch fluchen! Tut wohl denen, die euch hassen!* (Matthäus 5,44). Dies sind Jesu Gebote aus der Bergpredigt für Seine Jünger. Wir haben also von der Bibel, vom Neuen Testament her gesehen, nie die Legitimation, unsere Feinde zu töten. Dies kann ein Moslem über den Koran nicht aussagen. Wir haben in unserem *„Kleinen Ökumene-Handbuch“* der A.R.F. die Stellen im Koran aufgelistet, die die Tötung der Feinde befehlen. So ist es nicht fair und sachlich nicht richtig, den christlichen Fundamentalismus dem islamischen gleichzustellen - und damit friedliche bibeltreue Christen mit gewalttätigen islamistischen Fundamentalisten in Verbindung zu bringen!
Der Begriff „Fundamentalismus“ ist also in Verruf geraten und zur Keule geworden, mit der man eben auch das bibeltreue Christentum „nieder-

schlägt“, nur weil es sich - wie aufgezeigt - auf die biblische Lehre gründet. Schlimm ist, dass aus diesem Grunde inzwischen auch etliche Christen sich dagegen wehren, „Fundamentalisten“ zu sein, weil dieser ursprünglich gute Begriff inzwischen so negativ belegt ist. Viele wehren sich aber auch gegen den Begriff, weil sie nicht an der Irrtumslosigkeit der Heiligen Schrift festhalten. Dennoch geht es meines Erachtens darum, diesen Begriff nicht aufzugeben, sondern ihn in der öffentlichen Debatte neu von seinen guten Wurzeln her zu definieren und von seinen Verfälschungen abzugrenzen.

Fundamentalismus und biblische Irrtumslosigkeit

Wir haben zum Beispiel das Problem, dass der Begriff „Fundamentalismus“ immer wieder mit der Irrtumslosigkeit der Heiligen Schrift in Verbindung gebracht wird, so dass derjenige, der glaubt, dass die Bibel nicht nur in Glaubens- und Lebensfragen, sondern auch in naturwissenschaftlichen, historischen, geographischen und geologischen Fragen (Schöpfung in sechs Tagen, Sintflut etc.) irrtumslos ist, als „Fundamentalist“ bezeichnet wird. Zur Irrtumslosigkeit der Heiligen Schrift in Bezug auf die Schöpfung kann ich hier nur Folgendes anmerken: Gott ist kein Ding unmöglich. Er hätte die Welt auch in einer Sekunde erschaffen können, warum also nicht in sechs Tagen? Gott hat auch – so ist anzunehmen - die Rotlicht-Verschiebung im Weltraum schon mitgeschaffen. Auf diese naturwissenschaftlichen Fragen kann ich hier nicht weiter eingehen. Zu diesem Themenbereich („Schöpfung oder Evolution?“) möchte ich auf die Veröffentlichungen von Professor Werner Gitt und Mitarbeitern der Studiengemeinschaft „Wort und Wissen“ verweisen.

Wie Christen taktisch gespalten werden

Leider müssen wir feststellen, dass sich diese Polarisierung (Entzweiung) auch in unseren - bisher allgemein als bibeltreu bezeichneten - Lagern vollzieht. Es gibt heute wahrscheinlich kaum mehr eine Vereinigung, die von diesen Diskussionen und Spaltungen ausgenommen ist. Auch dies befinde ich als ein trauriges, endzeitliches Phänomen. Der Jurist Thomas Zimmermanns hat in seinem Buch *„Christen unter Druck“* (A.R.F.-Aufklärungsreihe Band 57, Lage 2005) eine sehr bemerkenswerte Aussage darüber gemacht, wie die Strategie der Entzweiung des evangelikalen Lagers, der Versuch, die Bibeltreuen zu spalten, abläuft:

„Diese Diffamierungskampagnen (Verleumdungsfeldzüge; Anm. d. Verf.) werden sich kaum gegen alle bibeltreuen Christen und Gemeinschaften gleichzeitig richten; vielmehr werden sie sich (zunächst) nur gegen solche richten, die die gegenwärtige geistliche und politische Situation am Klarsten erkennen und am deutlichsten nach außen artikulieren ... Der Sinn dieser Vorgehensweise liegt zum Einen darin, in der Öffentlichkeit nicht den Eindruck aufkommen zu lassen, es finde so etwas wie eine Christenverfolgung statt. (Es werden ja - zunächst - nur wenige angeklagt. So hat man z. B. in China seine erlaubten Kirchen, die man dann der Welt als Toleranzbeweis vorführt. Was ist aber mit den vielen anderen, die im Geheimen verfolgt werden? Anm. Verfasser) ... Zum Anderen sollen auf diese Weise die ´Gemäßigten` unter den Bibeltreuen veranlaßt werden, sich von den ´Radikaleren` zu distanzieren. (Genau dieses Phänomen erleben wir zur Zeit in Deutschland! Ich habe am eigenen Leibe erleben müssen, dass diese Spaltung schon bis hin zum Hausverbot führen kann. Anm. Verfasser). Auf diese Weise soll eine Spaltung des bibeltreuen Lagers und eine Isolierung der engagiertesten Bekenner herbeigeführt werden. Schon jetzt gibt es deutliche Anhaltspunkte, dass diese Rechnung zumindest vorläufig aufgehen wird“ (a.a.O., S. 30).

Man sieht z. B., wie sich in Deutschland die Evangelische Allianz verhält: Sie arbeitet inzwischen mit allen Konfessionen zusammen, und die Weltweite Allianz hat nun ein Programm sogar zusammen mit der UNO gestartet (Micha-Projekt). Es ist sicherlich wichtig, dem Hunger und dem Analphabetismus in der Welt abzuhelfen, allerdings fordert die UNO auch die Freigabe der Abtreibung, um der Überbevölkerung zu steuern. Selbst Vertreter der Deutschen Evangelischen Allianz, besonders die sogenannten Altersvertreter wie z. B. Rolf Scheffbuch, haben gegen diesen neuen Kurs der Zusammenarbeit protestiert. Weitere Angriffe auf die Bibeltreuen sind diffamierende Schlagzeilen, Schädigung bibeltreuer Gemeinden, Spaltungen und Isolierungen der entschiedensten Vertreter bibeltreuer Theologie (siehe hierzu ausführlich: Th. Zimmermanns, *Christen unter Druck*).

Verhaltenskodex für Bekehrungen

Nun komme ich aber zu einem sehr schwierigen Punkt: Verhaltenskodex für Bekehrungen. Ich kann dies nur als „vorauseilenden Gehorsam" bezeichnen. Vorauseilenden Gehorsam gab es schon einmal in Deutschland. Viele haben sich der kommenden Diktatur schon vorauseilend unterworfen. Ich möchte mit dieser Aussage niemanden persönlich verletzen oder an den Pranger stellen; ich denke, dass viele vielleicht selber noch nicht die Tragweite dieser Dinge durchschauen. Deshalb wollen wir ihnen in aller Liebe und Wahrheit sagen: „Passt auf, was für einen Weg ihr bei der Evangelischen Allianz jetzt einschlagt!"

Die Weltallianz hat sich nämlich in der letzten Zeit durch ihre Hauptvertreter mehrfach mit Vertretern des Vatikan und des Ökumenischen Weltrats der Kirchen getroffen. Früher hat man immer dagegen opponiert, hat deshalb die Lausanner Bewegung ins Leben gerufen (Lausanne gegen Genf). Jetzt arbeitet man plötzlich zusammen. Es gibt plötzlich wohl ein „übergeordnetes Ziel", wie auch immer das aussieht. Da heißt es jetzt unter anderem: „Verhaltenskodex für Bekehrungen." Soll also das Verhalten vorgeschrieben werden – z.B. was man bei Missionsgesprächen noch sagen darf und was nicht?

Es gab natürlich Missstände. Es gab Situationen, in denen man Zwangstaufen durchführte und Menschen zum Christentum zwang. Aber heute werden ja Millionen gezwungen, Moslems zu werden – das nur nebenbei bemerkt. Insofern

verstehe ich, dass natürlich auch christliche Stimmen laut werden, die sagen: „Wir müssen zusehen, dass wir nicht so viele Todesopfer haben durch den Islam.“ Aber hier besteht die Gefahr – und die ist recht groß –, dass man das Kind mit dem Bade ausschüttet, sodass zum Schluss gar keine Mission mehr möglich ist! Es sollen nämlich bestimmte Begriffe und Methoden, die angeblich einen „kämpferischen Charakter“ besitzen, aus der Mission ausgeblendet werden – ich werde noch Beispiele bringen.
Aber zunächst zwei Zitate aus erster Hand. Es gab ein vom Vatikan und Genfer Weltkirchenrat einberufenes Treffen vom 12.-16. Mai 2006 in Lariano in Italien, bei dem auch Allianzvertreter gegenwärtig waren. Da wurde Folgendes in § 3 der Schlusserklärung von Lariano gesagt: „Obgleich jeder das Recht hat, andere einzuladen, seinen Glauben zu verstehen, bekräftigen wir, dass dabei nicht die Rechte des anderen und seine religiösen Empfindungen verletzt werden sollen.“ So weit, so gut. Aber jetzt heißt es: „Zugleich betonen wir, dass sich alle von der Besessenheit befreien sollten, andere bekehren zu wollen.“[25] Das ist der Schlüsselsatz, um das Ganze zu verstehen, was da am Laufen ist. Es wird uns als „Besessenheit“ ausgelegt, wenn man meint, andere bekehren zu müssen. Natür-

[25] Zit. nach der Übersetzung von R. Möller, in: R. Möller, Auf dem Weg zu einem „Verhaltenskodex für Bekehrungen“?, in: ZEITJOURNAL Nr. 4 / 2007, S. 34-44 (hier: S. 35).

lich, der Herr bekehrt die Herzen, aber wir sollen auch das Zeugnis weitersagen. Das ist ganz klar. Ein weiteres Zitat: „Der Ko-Vorsitzende der ÖRK-Kommission für Glauben und Kirchenverfassung, Pfarrer Dr. Hermen Shastri, schlug als ethisches Fundament eine Respekthaltung vor, die den Angehörigen jeder Religion das Recht auf ihren Glauben zugesteht.“ Shastri wörtlich: „Den religiösen Predigern muss gesagt werden, dass keine Religion ein Monopol auf Wahrheit hat und dass es viele Wege zum Heil gibt.“[26] Das ist ein direkter Widerspruch zu Joh. 14,6, wo der Herr Jesus sagt: „Ich bin der Weg, die Wahrheit und das Leben; niemand kommt zum Vater, außer durch Mich.“ Exklusiv, absolut! Das sage nicht ich, das sagt der Herr Jesus! Und wenn wir das bekämpfen und bestreiten, dann wenden wir uns gegen Gott!

Ein Grundsatzpapier der Indischen Evangelischen Allianz über den Sprachgebrauch in der Mission enthält eine Liste anstößiger Begriffe, die nicht mehr gebraucht werden sollen. Da heißt es: „Allerdings werden Worte aus der Sprache des Krieges, wie z.B. Armee, Vorstoß, Angriff, Schlacht, Feldzug, Kreuzzug, bezwingen, Kommandos, Feind, Streitkräfte, Marschbefehl, mobilisieren, Krieger, Taktik, Zielscheibe, Sieg, Waffen, zu Unrecht als Motivationshilfen der Mission eingesetzt.“ Teilweise stimme ich dem zu, aber – andere Begriffe? Da heißt es nämlich weiter: „Andere anstößige Begriffe sind z.B. Heiden bzw.

---

[26] Ebd., S. 36.

heidnisch oder Finsternis. Die Betonung eines solchen Vokabulars ist lieblos, unangebracht und kontraproduktiv.“[27] Man darf also nicht mehr von „Heiden“ reden in Bezug auf Unbekehrte? Das passt mit dem zusammen, dass niemand die „Besessenheit“ haben soll, „andere bekehren zu müssen“.

Es kommt also mit der Ächtung des Gehorsams gegen Gottes gute Gebote auch die Ächtung derer, die noch klare Mission und Evangelisation ohne Abstriche betreiben wollen. Natürlich gibt es schwarze Schafe, die Bekehrung durch Bestechungsgelder bezahlen. Da sind wir auch dagegen, das ist uns hoffentlich allen klar. Aber dürfen wir Begriffe – etwa aus Eph. 6, wo von der geistlichen Waffenrüstung die Rede ist – einfach streichen? Das Glaubensleben ist doch ein Kampf mit dem Feind, mit dem Teufel und mit denen, die ihm dienen. Dürfen wir das nicht mehr sagen? Wir merken: Es bereitet sich alles immer mehr zu für die antichristlichen Entwicklungen, die sich da anbahnen.

In dem Dokument der indischen Allianz heißt es noch: „Anstößig ist auch eine Sprache, die Frauen ausschließt.“ Und dann fragt Reinhard Möller in seiner Analyse der Verhaltenskodex- Planungen: „Schlussendlich brauchen wir dann eine weitere ´revidierte / verbesserte` Bibelübersetzung; und diese enthält dann schon im Anhang oder Vorwort den ´Verhaltenskodex für Bekeh-

[27] Ebd., S. 39 (im Original befinden sich alle zitierten Begriffe in Anführungszeichen).

rungen`." [28] Nach der feministischen „Bibel in (un)gerechter Sprache" und der gotteslästerlichen „Volxbibel" der Neoevangelikalen kommt dann noch die „unanstößige Bibel", aus der jeder Anstoß heraus genommen ist – und auch zum Schluss das Skandalon des Kreuzes; das ist ja auch ein Anstoß, sogar der größte Anstoß (1. Kor 1)! Und dann hat man die Wohlfühlreligion, in die wir heute auch durch verschiedene Gemeindebauprojekte immer mehr hineingeführt werden.
Der ungarische Christ Stephan J. Boss schreibt, er erkenne in dem Geschehen zunehmenden Druck auf Millionen von Christen, die Jesus als Weg, Wahrheit und Leben bezeugen. Der Verhaltenskodex bereite dem Antichristen für seine begrenzte Herrschaft den Weg. Reinhard Möller spricht hier auch ausdrücklich von einem „vorauseilenden Gehorsam" gegenüber Rom und Genf. Man suche letztlich gar die Beanspruchung einer geradezu inquisitorischen Autorität. Man will nämlich schwarze Schafe aussondieren und aussondern, die das nicht mitmachen. Vor allem klinge dieser Verhaltenskodex fast so, „als wolle man Gott vorschreiben, wie er zukünftig Bekehrungen zu bewirken habe."[29] Wo bleibt hier Gottes Souveränität und Allmacht?

---

[28] Ebd., S. 39.
[29] Ebd., S. 41 f.

In der Bibel ist es vorhergesagt

Als biblische Orientierung zu diesem Thema wollen wir nun aus Gottes Wort das dritte Kapitel des 2. Timotheusbriefes betrachten. Hier zeigt sich klar, dass die Bibel Gottes Wort ist, denn kein Mensch kann im Voraus wissen, was am Ende der Tage, in der Endzeit, geschehen wird. Hier lesen wir:

Das sollst du aber wissen, dass in den letzen Tagen greuliche Zeiten kommen werden. *Denn es werden die Menschen viel von sich halten, geldgierig sein, ruhmredig, hoffärtig, Lästerer, den Eltern ungehorsam, undankbar, gottlos, lieblos, unversöhnlich, Verleumder, zuchtlos, wild, ungütig, Verräter, Frevler, aufgeblasen, die die Lüste mehr lieben als Gott; die da haben den Schein eines gottesfürchtigen Wesens, aber Seine Kraft verleugnen sie; solche meide!*

Im Weiteren heißt es dann: *...* ***und alle, die gottesfürchtig leben wollen in Christus Jesus, müssen Verfolgung leiden****. Mit den bösen Menschen aber und Betrügern wird's je länger je ärger - sie verführen und werden verführt. Du aber bleibe in dem, was du gelernt hast und dir vertraut ist, da du ja weißt, von wem du gelernt hast und weil du von Kind auf die heilige Schrift weißt, die dich unterweisen kann zur Seligkeit durch den Glauben an Christus Jesus. Denn alle Schrift von Gott eingegeben ist nützlich zur Lehre, zur Aufdeckung der Schuld, zur Besserung, zur Erziehung in der Gerechtigkeit, dass ein Mensch Gottes sei vollkommen, zu allem guten Werk geschickt.*

Hier ist ausdrücklich von den „letzten Tagen" die Rede. Da werden schlimme, ja besessene Zeiten kommen. Die Worte im Griechischen - *kairoi chalepoi* - bedeutet: „besessene Zeiten". In dieser

Endzeit werden sich die Menschen in besonderem Maße dem Okkultismus, der Unzucht, der Sünde hingeben. Wir erleben dies durch gotteslästerliche Romane und Kinofilme. Herausgreifen möchte ich nur den Roman und Film „Sakrileg“ („The Da Vinci Code“) aus dem Jahre 2006, in welchem bestritten wird, dass Jesus Christus Gottes Sohn ist. Jesus sei nur ein Mensch gewesen und habe Kinder gezeugt, die heute noch Nachkommen haben. Am 6.6.2006 startete eine Neuverfilmung des Filmes „Das Omen“ in den Kinos, welcher das Aufstehen des Antichristen (666) zum Inhalt hat. So geschehen zur Zeit wirklich gräuliche Dinge! Die gesellschaftliche Situation ist leider so, dass diese Dinge Bestseller sind: Für die Kinder ist es „Harry Potter“, für die Erwachsenen das „Sakrileg“. Sakrileg heißt übrigens auf deutsch „Frevel“. Sakrileg ist ein Vergehen gegen das Heilige und Gotteslästerung. In der Offenbarung an Johannes (Offenbarung 21,8) steht ganz klar, dass die Frevler keinen Platz im Reich Gottes haben werden – niemand, der Sünde lieb hat und tut. Dies sei zur Warnung und zum Nachdenken im Hinblick auf solche Buch- und Filmtitel und ihren Inhalt gesagt.

Satans Doppelstrategie

Der Seelenfeind gebraucht eine Doppelstrategie, um die Gemeinde Jesu zu bekämpfen: Zunächst gebraucht er massiven äußeren Druck bis hin zur blutigen Verfolgung, wie sie im Römischen Reich unter den ersten Christen ihren Anfang nahm

und in der Endzeit unter dem Antichristen wieder aufflammt. Auch vor der letzten antichristlichen Zeit haben wir viele Christenverfolgungen in vielen Ländern zu beobachten - man denke nur an die ehemalige Sowjetunion, Nordkorea und China sowie viele islamische Staaten.
Die zweite Strategie, wenn die blutige Verfolgung nicht hilft, ist die Verführung: Dies erleben z. B. viele Rückwanderer, die aus dem Osten nach Deutschland kommen. Der Teufel versucht durch die Verführung, die Christen vom wahren rettenden Glauben, vom schmalen Weg, der durch die enge Pforte führt (Mt 7,14 f.), abzuziehen, um sie auf den breiten Weg zu drängen, indem ihnen ein modernes, weltförmiges Christentum verkündet wird, welches mit Rockmusik, Kino, Show, Tanz und Theater in Willow Creek, Saddleback, Emerging Church und anderen modernen Gottesdienst- und Evangelisationsformen gleißt und schillert. Die Menschen, die sich darauf einlassen, merken gar nicht, dass dann folgender Grundsatz wahr wird, nämlich: *Wenn man die Welt in die Gemeinde holt, wird die Gemeinde zur Welt.* Diesen Grundsatz nehmen viele Christen gar nicht mehr wahr und ernst, und darum sind viele Gemeinden heute so verweltlicht. Man versucht, mit weltlichen Methoden die Menschen zu erreichen – sie „abholen, wo sie stehen", heißt der moderne Slogan (Wahlspruch). Dies ist dann, wenn durch die weltlichen Formen der Inhalt getrübt und verwässert wird, der falsche Weg! Wir sollten nach wie vor, wie es die Reformatoren und die Kirchenväter taten, das klare Wort vom

heiligen und barmherzigen Gott verkündigen, und zwar ohne Showprogramm und weltliche Schnörkel - allein das Zentrum des Evangeliums, weil sonst der Eindruck entsteht, dass das Christsein ein Unterhaltungsprogramm ist, in welchem das Kreuz als Unterhaltungshöhepunkt verlästert wird. Eine schlimme und böse Verdrehung, die fromm verpackt dargeboten wird. Verfolgung und Verführung sind also die beiden Strategien des Widersachers, um die Gemeinde Jesu zu zerstören. Es ist aber nur ein Sichten, das Gott zulässt, denn die wahre Gemeinde Jesu kann nicht zerstört werden: ... *und die Pforten der Hölle sollen sie* (die Brautgemeinde Jesu) *nicht überwältigen* (Matthäus 16, 18b).

Verfolgung eint, Verführung spaltet die Gemeinde

Verfolgung eint die Gemeinde und schweißt sie zusammen. Die wahrhaft Gläubigen, die Wiedergeborenen in den verschiedenen Denominationen halten dann, wenn Verfolgung kommt, zusammen. Verführung hingegen spaltet die Gemeinde. Dies erleben wir heute fast überall - auch in Deutschland, in Landeskirchen, in Freikirchen, in Gemeinschaften. Fast überall sind Spaltungen geschehen und im Gange. Ich werde oft von Restgemeinden eingeladen, von Hauskreisen, die sich von Gemeinden gelöst haben und die den Weltgeist, der in die Gemeinden eingedrungen ist, nicht mehr aushalten können. Die Verführung fängt meist an mit der gemäßigten Bibelkritik, die in theologischen einst frommen und konservativen Ausbildungsstätten gelehrt wird, weil man meint, manches Fragwürdige von der Universitätstheologie übernehmen zu müssen, um modern und „wissenschaftlich“ zu sein. Eine wirklich bibeltreue Ausbildung wird dabei jedoch preisgegeben.

Verführung spaltet also die Gemeinde, während die Verfolgung sie eint. Die Verführung lässt das Unechte triumphieren. Die Verfolgung hingegen brennt das Unechte aus, so dass nur die wahren Gläubigen zusammenbleiben. Nicht umsonst sagt Jesus Christus, dass der Weg zum Himmelreich schmal und die Pforte eng ist. Der Weg zum Himmelreich ist eben kein breiter Weg, kein „Broadway“, wie er bezeichnender Weise im Amerikanischen heißt. Viele leben in einer Illusion und meinen, sie seien Christen und sind es nicht. Sie gehen auch nicht den schmalen Weg. Daher ist das Thema „Heiligung“ so entscheidend, weil das Leben in Heiligkeit das Indiz für wahres Christsein ist. Nicht umsonst ermahnt uns Gottes Wort, den alten Sauerteig der Sünde aus unserem Leben, - auch aus dem Gemeindeleben - hinauszufegen. Diese Reinigung muss in unseren eigenen Herzen beginnen - in meinem und in Ihrem. Bedenken wir, dass ein wenig Sauerteig den ganzen Teig durchsäuert (1. Korinther 5)!

Nun stehen wir vor der Frage: Wird eine sich anbahnende Christenverfolgung in Europa auch das Echte, die wahren Gläubigen im Unterschied zu den Namenschristen hervortreten lassen? Dies können wir nur hoffen. Möge Gott, der Herr, jedem einzelnen Christen Kraft schenken, wenn es auch in Europa wieder etwas kostet, ein Christ zu sein: den Preis der Ehre, der Freiheit oder vielleicht sogar auch - wie unter dem Islam und dem Kommunismus - den Preis des irdischen Lebens.

Seid standhaft!

Ich möchte uns zum Trost und zur Stärkung noch folgende Worte unseres Herrn Jesus Christus mitgeben: In Lukas 21, 18 + 19 spricht der Herr: *Kein Haar* (kein einziges Haar!) *soll von eurem Haupt verloren gehen. Seid standhaft und ihr werdet euer Leben gewinnen.* Ein wunderbarer Trost!

Weiter sagt Jesus, dass Er uns in der Verfolgung vor den Gerichten und Verfolgern Weisheit geben wird, der alle Gegner nicht widerstehen können (Lukas 21,15). Wir sollen nicht einmal überlegen, was wir sagen sollen, sondern wir sollen darauf vertrauen, dass der Herr durch Seinen heiligen Geist, wenn wir uns verantworten müssen, uns die rechten Worte schenkt. Sollten wir dennoch zum Tode verurteilt werden, gilt uns Matthäus 10,28 + 39: *Und fürchtet euch nicht vor denen, die den Leib töten, doch die Seele nicht töten können; fürchtet euch aber vor dem, der Leib und Seele verderben kann in der Hölle … Wer sein Leben findet, der wird's verlieren; und wer sein Leben verliert um Meinetwillen, der wird's finden.*

Ich weiß, dass es leicht ist, diese Stellen zu zitieren, aber ich bin davon überzeugt, dass uns der

Herr auch Kraft geben wird, wenn wir tatsächlich in eine Verfolgung geraten werden, sei es in Europa oder in der Schweiz. Die Schweiz ist ja (momentan) noch nicht an Europa angegliedert, aber auch in ihr offenbart sich die Salamitaktik der Verführung. So wurde z. B. über ein „Freizügigkeitsgesetz“ abgestimmt - schrittchenweise Annäherung an eine sich als immer antichristlicher entpuppende EU. Ich bin der Meinung, dass Europa das Zentrum des – allerdings weltweiten - antichristlichen Reiches mit Rom als Hauptsitz werden wird. Daher habe ich auch als Titel eines anderen Buches zu diesem Thema gewählt: *„Europa - das wiedererstehende Römische Reich?“*

Gott mehr gehorchen als den Menschen

Wie sollen wir uns jetzt verhalten, wie sollen wir diesen Zeitströmungen begegnen? Ich weise noch einmal auf die Trostworte unseres Herrn hin, dass kein Haar von unserem Haupt verloren gehen soll, ohne dass Gott es zulässt. Der Herr wird uns Weisheit geben, was wir reden sollen, wenn wir uns verantworten müssen. Daran dürfen wir festhalten. Aber wir werden einsamer werden, auch innerhalb der christlichen Gruppierungen - und das ist vielleicht für uns die schwerste Last und die traurigste Entwicklung.

In all diesen Entwicklungen wird der Vers in Apostelgeschichte 5, 29 wichtige Bedeutung erlangen: ***Man muss Gott mehr gehorchen als den Menschen.*** Zwar wollen wir nach Römer 13 gehorsame und treue Untertanen der Obrigkeit sein, aber die Bibel lehrt uns auch die Grenze dieses Gehorsams: In Apostelgeschichte 5, 27 - 29 steht:

Und sie brachten sie (die Apostel) *und stellten sie vor den Hohen Rat. Und der Hohepriester* (der Papst der damaligen Zeit) *fragte sie und sprach: Wir haben euch doch mit Ernst geboten, dass ihr nicht solltet lehren in diesem Namen* (im Namen Jesu nämlich) *und seht, ihr habt Jerusalem erfüllt mit eurer Lehre und wollt dieses Menschen Blut* (Jesu Blut) *über uns bringen. Petrus aber und die Apostel antworteten und sprachen:* ***Man muss Gott mehr gehorchen als den Menschen.*** (In der Lutherbibel ist dieser Satz fett geschrieben). *Der Gott unserer Väter hat Jesus auferweckt, welchen ihr an das Holz gehängt und getötet habt. Den hat Gott durch Seine rechte Hand erhöht zum Fürsten und Heiland, zu geben Israel Buße und Vergebung der Sünden. Und wir sind Zeugen dieser Ereignisse und der Heilige Geist, welchen Gott gegeben hat denen, die Ihm gehorchen. Da sie das hörten, ging`s ihnen durchs Herz und sie dachten sie zu töten.*

Hier geht es um Befehle, um Gebote von Menschen, die dem Auftrag Gottes für Sein Volk entgegenstehen. Ebenso dürfen wir nicht - auch wenn der Staat es befiehlt - gegen Gottes Gebote handeln! In unserem Abschnitt wollte man den Jüngern Redeverbot erteilen. Sie sollten nicht mehr von Jesus reden und Ihn verkündigen! Interessant ist, wer ihnen diese Auflage machen wollte: die religiöse Führungsschicht! Der Hohe Rat! Heute würde man von Kirchenleitungen sprechen.

Auch nach der Pfingstpredigt (Apostelgeschichte 2) ging es Menschen durchs Herz! Aber im guten

Sinne und zu ihrem Heil! Sie haben sich bekehrt und taufen lassen. In unserem Bibelabschnitt hat die Antwort der Apostel den Hohen Rat so erbost, dass er sie zu töten gedachte. Es ist erschütternd, wie verblendet die religiöse Führung war! Zuerst ließen sie Jesus Christus kreuzigen und dann verfolgten sie Seine Jünger, die Ihn als Auferstandenen und als Heiland der Welt verkündeten. Jesus ist nicht im Grabe geblieben. Er ist wahrhaftig auferstanden! Dies wollen auch wir bezeugen.

Thomas Zimmermanns schreibt in seinem Buch: „Christen unter Druck“:

„Die christliche Gemeinde hat ihren Gliedern das Wort Gottes zu verkündigen, und zwar ´nicht nur das reine Wort Gottes, sondern auch das ganze Wort Gottes` (Richard Wurmbrand). Dieser Verpflichtung würde sie untreu, wenn sie bestimmte biblische Wahrheiten aus ihrer Verkündigung ausklammerte“ (Christen unter Druck, S. 44).

So ist es heute sehr unpopulär, von Gericht, Verdammnis, Hölle und Buße (Sinnesänderung, Umkehr zu Jesus) zu sprechen. Aber diese Tatsachen dürfen wir nicht verschweigen, wenn wir von der Liebe Gottes reden. Die Liebe Gottes leuchtet auf, weil und wenn wir erkennen, aus welcher Verlorenheit wir durch Jesu Blut gerettet werden. Weiter schreibt Zimmermanns:

„Der Wunsch, Diffamierungen und Beeinträchtigungen des öffentlichen Ansehens zu vermeiden, ist kein geistlich und sachlich anzuerkennendes, sondern lediglich ein (wenn auch verständliches) menschliches Motiv. Dies gilt nicht nur hinsichtlich der unmittelbar an die Gemeinde gerichteten Verkündigung, sondern auch hinsichtlich der an Regierung und Gesellschaft gerichteten Verkündigung von Gesetz und Evangelium" (a.a.O.).

Ich schließe mit dem Satz Zimmermanns:

„Selbst durch staatliche Weisungen, Gesetze oder Verbote darf sich die Kirche nicht von der richtigen und vollständigen Erfüllung ihres Verkündigungsauftrags abbringen lassen, denn sie würde sich dadurch zu Sünde und Ungehorsam verleiten lassen. In solchen Fällen gilt vielmehr Apg 5, 29: **Man muss Gott mehr gehorchen als den Menschen!**" (a.a.O., S. 45).

Von der Defensive in die Offensive

Ich schließe mich der Meinung von Janet Folger[30] an. Sie sagt: Wir sollen nicht einfach die Köpfe in den Sand stecken, sondern Widerstand leisten, so lange es noch möglich ist. Und wenn sie uns ins Gefängnis stecken, dann sollen wir auch dazu bereit sein. Janet Folger ruft dazu auf, solange es noch Zeit ist, Einfluss zu nehmen in den Schulen, in Gesetzgebungen, in Massenmedien, den Wissenschaften, auf musikalischem Gebiet. Sie schlägt vor, mit Christen unterschiedlicher Prägung zusammenzuarbeiten. Aber – so möchte ich betonen – das kann freilich nicht unter Preisgabe der biblischen Wahrheit geschehen. Ich bin nicht für eine große Koalition aller Konfessionen, wie es manche jetzt propagieren, aber für ein Zusammenstehen derer, die wirklich wiedergeboren sind durch den Geist Gottes,

---

[30] Vgl. Folger, S. 207 ff.

auch bei allen Unterschieden, die es in einzelnen Lehrfragen gibt.
Und vor allem: Wir sollten uns abwenden von einer Abwehrhaltung hin zu einer offensiveren Haltung. Janet Folger schreibt: „Immer wieder werden die Begriffe uns übergestülpt. Wir werden als engstirnig hingestellt, als intolerant, als vorgestrig, als gesetzlich, und die anderen präsentieren sich als fortschrittlich, als modern, als tolerant, als pluralistisch."[31] Nein, wir sollen ganz klar sagen, dass wir nur das Beste vertreten, dass wir die beste Botschaft haben für die Menschen, damit sie wirklich heil werden und auch ins Reine kommen mit Gott, und damit auch ihr eigenes Leben wieder eine ganz neue Basis bekommt durch unseren Erlöser und Herrn Jesus Christus. Möge Gott der HERR uns dazu noch Zeit und Gnade schenken. Und möge uns der Herr Jesus Kraft schenken, wenn es einmal wieder auch für uns etwas kosten sollte, Christ zu sein.

Ein persönliches Wort

Falls Sie noch nie die Bibel wirklich gelesen haben, so lade ich Sie hiermit herzlich dazu ein! Suchen Sie Jesus Christus in dem Wort Gottes und im Gebet! Kommen Sie zu Ihm mit all Ihrer Not und Sünde. Er liebt Sie. Er will Ihnen Vergebung Ihrer Schuld schenken und will Sie zum ewigen Leben führen. Lesen Sie in der Bibel, wer Jesus ist und was Er für Sie getan hat. Wie Er Sein Leben für die Schuld der Welt zum Opfer

---

[31] Ebd., S. 218.

gab. Jesus starb am Kreuz, um auch Ihre Schuld und alles Böse in Ihrem Leben mit Seinem Blut abzuwaschen. Das ist das Geheimnis des Glaubens: dass Jesus für unsere Sünden starb, um uns mit Gott zu versöhnen und dass Er vom Tode auferstand und lebt und in unser aller Leben gegenwärtig sein möchte. Lassen auch Sie Ihn in ihrem Leben regieren und Er wird es wunderbar hinausführen. Es geht um ewiges Leben mit Jesus oder ewige Qual in der Hölle. Nur Jesus Christus kann Sie retten und Ihnen ein Leben schenken, wie Gott es will. Gott will, dass Sie gerettet werden. Wollen Sie es auch?
Es geht nicht um theologische Diskussionen, sondern um existentielle Fragen. Die Jünger waren bereit, ihre Existenz für Jesus hinzugeben und ihr Leben für den Herrn zu opfern. ***Man muss Gott mehr gehorchen als den Menschen!***

Wir beten: Lieber Vater im Himmel, in Namen Deines geliebten Sohnes Jesus Christus kommen wir zu Dir und beten Dich an. Danke, dass Du Deinen Sohn gesandt hast, um uns von Sünde, Tod und Teufel zu erlösen. Danke, dass wir Dein Wort haben dürfen, worin Du uns die ganze Wahrheit und alles, was wir für unser Leben und Sterben brauchen, offenbart hast. Bewahre uns in Deiner Hand, gerade wenn die Schatten der Endzeit länger werden, wenn Deine Gemeinde in Bedrängnis gerät und es etwas kostet, Dein Wort noch klar zu verkündigen. Bewahre alle Verkündiger, die Dein Wort noch unverkürzt verkündi-

gen wollen. Lass uns keine Abstriche an Deiner Wahrheit machen, sondern Dich als Erlöser und Herrn verkündigen und bekennen. Bitte schenke noch Gnadenzeit und ein Aufhalten Deiner Gerichte. Schenke den Regierungen ein Umdenken. Du kannst dies Wunder wirken. Bitte rette noch viele in dieser Gnadenzeit, dass sie Deine Kinder werden und ewiges Leben erlangen. Dir wollen wir alle Ehre geben, heiliger, allmächtiger und barmherziger Vater im Himmel. In Jesu Namen. Amen.